AF180320

essentials

Essentials liefern aktuelles Wissen in konzentrierter Form. Die Essenz dessen, worauf es als „State-of-the-Art" in der gegenwärtigen Fachdiskussion oder in der Praxis ankommt. *Essentials* informieren schnell, unkompliziert und verständlich

- als Einführung in ein aktuelles Thema aus Ihrem Fachgebiet
- als Einstieg in ein für Sie noch unbekanntes Themenfeld
- als Einblick, um zum Thema mitreden zu können

Die Bücher in elektronischer und gedruckter Form bringen das Fachwissen von Springerautor*innen kompakt zur Darstellung. Sie sind besonders für die Nutzung als eBook auf Tablet-PCs, eBook-Readern und Smartphones geeignet. *Essentials* sind Wissensbausteine aus den Wirtschafts-, Sozial- und Geisteswissenschaften, aus Technik und Naturwissenschaften sowie aus Medizin, Psychologie und Gesundheitsberufen. Von renommierten Autor*innen aller Springer-Verlagsmarken.

Stefan Georg

Einfach nur Kostenrechnung

Ein schneller Einstieg in das interne Rechnungswesen

Springer Gabler

Stefan Georg
Quierschied, Deutschland

ISSN 2197-6708 ISSN 2197-6716 (electronic)
essentials
ISBN 978-3-658-53112-6 ISBN 978-3-658-53113-3 (eBook)
https://doi.org/10.1007/978-3-658-53113-3

Die Deutsche Nationalbibliothek verzeichnet diese Publikation in der Deutschen Nationalbibliografie; detaillierte bibliografische Daten sind im Internet über https://portal.dnb.de abrufbar.

Planung/Lektorat: Catarina Gomes de Almeida
Springer Gabler ist ein Imprint der eingetragenen Gesellschaft Springer Fachmedien Wiesbaden GmbH und ist ein Teil von Springer Nature.
Die Anschrift der Gesellschaft ist: Abraham-Lincoln-Str. 46, 65189 Wiesbaden, Germany

Was Sie in diesem *essential* finden können

- Aufbau der Kostenartenrechnung und Berechnung der Kostenhöhe
- Kostenstellenrechnung und innerbetriebliche Leistungsverrechnung
- Kostenträgerrechnung und Produktkalkulation
- Konzept der Deckungsbeitragsrechnung
- Plankostenrechnung
- Zusammenhang zwischen Kostenrechnung und Controlling

Vorwort

Nach den beiden Essentials „Einfach nur Buchführung" (gemeinsam mit Lara Joy Georg) und „Einfach nur Wahrscheinlichkeitsrechnung" (gemeinsam mit Lara Joy Georg und Susan Pulham) erscheint nun „Einfach nur Kostenrechnung". Wie Sie es vielleicht schon von den beiden anderen Ausgaben kennen, so soll Ihnen auch dieses Buch die Grundlagen des jeweiligen Lehrgebietes in kompakter und übersichtlicher Weise näherbringen.

„Einfach nur Kostenrechnung" richtet sich wieder in erster Linie an Studierende, aber auch an Schülerinnen und Schüler sowie alle anderen Interessenten, die einen schnellen Einstieg in das Themengebiet suchen und sich dazu nicht durch Hunderte von Seiten wühlen wollen, also auch an Unternehmensgründer ohne betriebswirtschaftliche Erfahrungen. Erneut ist der Spagat zwischen Knappheit und Detailgetreue gelungen. Einerseits sind die einzelnen Teilgebiete der Kostenrechnung jeweils auf weniger als zehn Seiten dargestellt, andererseits gewährt Ihnen das Buch aber auch einen aussagekräftigen Einblick in die Berechnungsweise von Kostenarten, die Weiterverrechnung der Gemeinkosten über den klassischen Betriebsabrechnungsbogen, Kalkulationsmethoden wie die Zuschlags- oder Kuppelkalkulation und für das Controlling relevante kostenrechnerische Konzepte wie das der Deckungsbeitragsrechnung oder das der Plankostenrechnung, welche detaillierte Abweichungsanalysen ermöglicht. Dabei wird besonderen Wert auf das fundierte Standardwissen gelegt, das die Grundlage der Methodik bildet. Und so soll Ihnen auch dieses Essential eine gute Basis bieten, wenn Sie die Kosten- und Leistungsrechnung kennenlernen wollen oder müssen.

Ich wünsche Ihnen viel Erfolg beim Verständnis dieses für die meisten Unternehmen unverzichtbaren Instrumentes des internen Rechnungswesens.

Stefan Georg

Competing Interests Der/die Autor*in hat keine relevanten Interessenskonflikte im Zusammenhang mit dieser Publikation.

Inhaltsverzeichnis

1 Bedeutung der Kostenrechnung 1

2 Grundlagen der Kostenrechnung und begriffliche Abgrenzungen 3

3 Kostenartenrechnung 9

4 Kostenstellenrechnung 21

5 Kostenträgerstückrechnung 29

6 Deckungsbeitragsrechnung 41

7 Der Zusammenhang zwischen der Kostenrechnung und dem Controlling 51

8 Plankostenrechnung 55

9 Moderne Kostenrechnung und Kostensteuerung 65

Was Sie aus diesem *essential* mitnehmen können 69

1 Bedeutung der Kostenrechnung

Wer sich mit der Thematik der Kostenrechnung befassen will oder muss, interessiert sich sicherlich auch für deren Zweck: Die Kostenrechnung stellt als Teil des internen Rechnungswesens eine wichtige Unterstützung für das unternehmerische Controlling und die Steuerung des Unternehmens dar. Dabei bildet sie die Grundlage für fundierte Wirtschaftlichkeitsanalysen und strategische Entscheidungen, denn mithilfe der Kostenrechnung werden

- sämtliche im Betrieb anfallenden Kosten transparent erfasst,
- systematisch ausgewertet und
- zielgerichtet den verschiedenen betrieblichen Bereichen und Produkten zugeordnet.

In der betrieblichen Praxis unterstützt die Kostenrechnung Unternehmen dabei, die eigene wirtschaftliche Lage zu verstehen, das Unternehmen aktiv zu steuern und die Gewinnsituation zu verbessern. Dazu liefert sie entscheidende Informationen, die sowohl in die Preisgestaltung als auch in die Produktionsplanung oder die Budgetierung einfließen können. Insbesondere beantwortet die Kostenrechnung drei grundlegende betriebswirtschaftliche Fragen: Welche Kosten entstehen im Betrieb überhaupt? Wo im Unternehmen entstehen diese Kosten? Im Kontext welcher betrieblichen Leistungen fallen die Kosten eigentlich an? Mit den Antworten auf diese Fragen gewährt die Kostenrechnung mehr Transparenz und ermöglicht so eine wichtige Entscheidungsgrundlage für das Controlling und die Unternehmenssteuerung.

S. Georg, *Einfach nur Kostenrechnung*, essentials,
https://doi.org/10.1007/978-3-658-53113-3_1

Die Bedeutung der Kostenrechnung für die Unternehmen zeigt sich somit vor allem in ihrer Fähigkeit, betriebliche Entscheidungen zu unterstützen. So macht sie sowohl betriebliche Kostensenkungspotenziale sichtbar als auch fördert sie eine effiziente Ressourcennutzung und stärkt so die Wettbewerbsfähigkeit der Unternehmen. Gerade im Zusammenspiel mit dem Controlling lassen sich aus der kontinuierlichen Analyse und Kontrolle der Kosten klare Handlungsempfehlungen ableiten. Denn das Controlling nutzt die Ergebnisse der Kostenrechnung etwa zur Performancebewertung von Abteilungen, zur Ableitung von Maßnahmen bei Abweichungen zwischen geplanten und tatsächlichen Kosten oder zur Vorbereitung von strategischen Entscheidungen wie beispielsweise Investitionen.

2 Grundlagen der Kostenrechnung und begriffliche Abgrenzungen

Die Abgrenzung von Auszahlungen, Ausgaben, Aufwendungen und Kosten

Im Rechnungswesen unterscheiden Unternehmen verschiedene Rechengrößen, die definitorisch klar voneinander zu trennen sind. Abb. 2.1 zeigt diese Größen im Überblick.

Die **Auszahlungen** umfassen alle physischen oder elektronischen Zahlungsvorgänge, bei denen Geld das Unternehmen verlässt. Damit sind sie rein zahlungsorientiert und beziehen sich auf den tatsächlichen Abfluss von Geld aus dem Unternehmen. Ein typisches Beispiel stellt eine Anzahlung für eine Maschine dar, unabhängig von deren tatsächlichen Lieferdatum. Folgerichtig bezeichnen die Einzahlungen den konkreten Zugang liquider Mittel (physisch oder elektronisch) und führen damit zu einer Erhöhung des Zahlungsmittelbestands.

Hingegen beschreiben **Ausgaben** den Zugang von Gütern und Dienstleistungen in das Unternehmen, unabhängig davon, ob gleichzeitig eine Zahlung erfolgt. Damit beeinflussen sie das Geldvermögen. So ist der Kauf auf Ziel ein klassisches Beispiel für eine Ausgabe: Das Gut geht zu, die Zahlung folgt aber erst später. Demnach sind Ausgaben an die Güterbewegung gebunden. Entsprechend umfassen die Einnahmen den Abgang von Gütern und Dienstleistungen. Durchaus umstritten ist der Zeitpunkt, zu dem eine Ausgabe zu erfassen ist. Muss das Gut oder die Dienstleistung dem Unternehmen dazu zugehen? Oder genügt es, das Recht auf Zugang eines Gutes oder einer Dienstleistung bspw. durch den Abschluss eines Kaufvertrags zu verbriefen? Diese Frage kann nicht abschließend ge-

S. Georg, *Einfach nur Kostenrechnung*, essentials,
https://doi.org/10.1007/978-3-658-53113-3_2

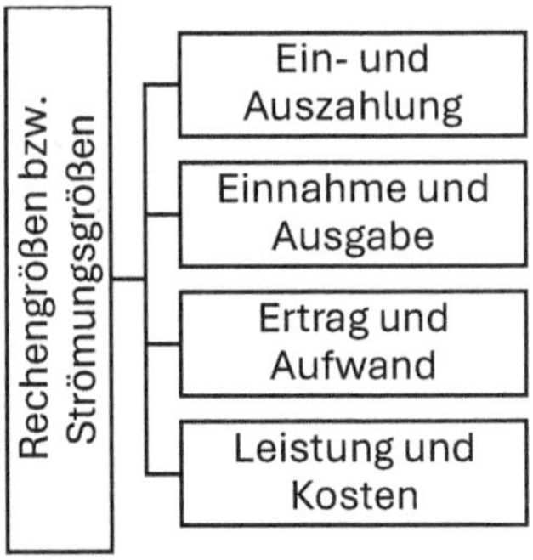

Abb. 2.1 Rechengrößen des Rechnungswesens

klärt werden und hängt vor allem davon an, ob das Recht auf Zugang bereits als Gut gesehen wird.

Der **Aufwand** (auch: die Aufwendung) beschreibt schließlich den in Geldeinheiten bewerteten Verbrauch von Gütern und Dienstleistungen während einer Abrechnungsperiode und wirkt so auf das Reinvermögen des Unternehmens. Er ist bewertungsabhängig und berücksichtigt dabei, ob eingekaufte Güter tatsächlich verbraucht wurden. Beispielsweise wird ein Rohstoff zur Ausgabe, wenn er ins Unternehmen kommt; er wird aber erst zum Aufwand, wenn er in der Produktion verbraucht wird. Aufwendungen sind demnach verbrauchsorientiert. Als Gegenstück zum Aufwand entspricht ein Ertrag der in Geldeinheiten bewerteten Schaffung von Gütern und Dienstleistungen.

In diesem Buch interessieren wir uns vordergründlich für **Kosten.** Diese stellen schließlich den bewerteten, sachzielbezogene Verbrauch von Produktionsfaktoren dar, der zur Erstellung der betrieblichen Leistung erforderlich ist. Demnach sind nicht alle Aufwendungen auch Kosten – nur jene, die betriebszweckbezogen, periodenrichtig und nicht außerordentlich sind. Ein wesentlicher Unterschied zur Finanzbuchhaltung als Teil des externen Rechnungswesens besteht darin, dass die Kostenrechnung auch **kalkulatorische Kosten** erfasst, denen als sogenannte Zusatzkosten keine tatsächlichen Aufwendungen gegenüberstehen oder die als Anderskosten den Verbrauch in anderer Höhe bewerten als den Aufwand.

Variable und Fixe Kosten

Eine häufig genutzte Klassifizierung von Kosten in der Kostenrechnung erfolgt nach deren Verhalten in Abhängigkeit von der Produktionsmenge, wie sie in Abb. 2.2 dargestellt ist.

Abb. 2.2 Kosteneinteilung nach der Abhängigkeit von der Beschäftigung

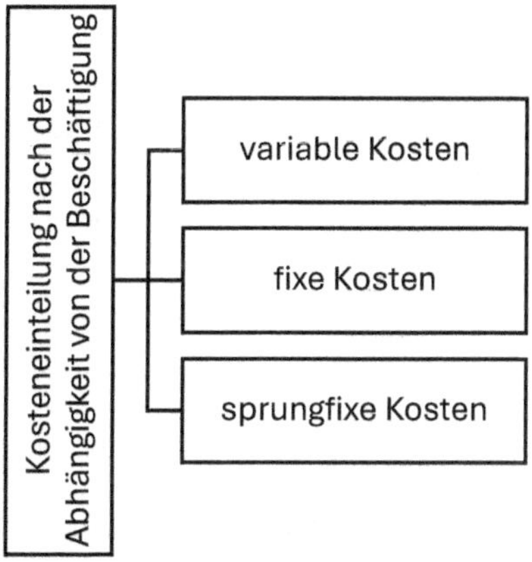

Variable Kosten schwanken proportional mit der Beschäftigungs- oder Produktionsmenge. Erhöht sich die produzierte Menge, dann erhöhen sich auch die variablen Kosten. Typische Beispiele für variable Kosten sind der bewertete Verbrauch von Rohstoffen oder von Verpackungsmaterial. Teilweise führen auch die Fertigungslöhne zu variablen Kosten, nämlich genau dann, wenn deren Höhe tatsächlich von der Produktionsmenge abhängt, wie es bspw. bei der Zahlung von Akkordlöhnen der Fall ist. Aufgrund von weiter zunehmender Mechanisierung und Automatisierung im Unternehmen wird der Anteil variabler Kosten an den Gesamtkosten in der betrieblichen Praxis jedoch immer geringer.

Hingegen sind **fixe Kosten** (auch: Fixkosten) unabhängig von der Produktionsmenge und fallen hinsichtlich der Produktionsmenge in konstanter Höhe an. Sie entstehen also unabhängig davon, ob das Unternehmen viel oder wenig produziert. In der Regel fallen sie selbst dann an, wenn die Produktionsmenge null beträgt. Klassische Beispiele für Fixkosten sind die Miete für Gebäude, die Gehälter für das Verwaltungspersonal, zeitabhängige Abschreibungen auf Maschinen oder die zu zahlenden Versicherungsprämien.

Von **sprungfixen Kosten** ist die Rede, wenn fixe Kosten der Höhe nach ab einer bestimmten Beschäftigung einen Sprung nach oben machen, bspw. weil eine zweite Maschine zum Einsatz kommen muss. Für die weitere Betrachtung in diesem Buch spielen die sprungfixen Kosten aber keine Rolle, weil es sich bei ihnen offensichtlich um eine Sonderform der variablen Kosten handelt, deren Höhe sich nur in wenigen ausgewählten Situationen ändert.

Fixe und variable Kosten werden oft in einer Kostenfunktion zusammengefasst:

$$K(x) = k_v(x) \cdot x + K_{fix}$$

Dabei beschreibt x die produzierte Menge, $k_v(x)$ die variablen Stückkosten in Abhängigkeit der produzierten Menge und K_{fix} die Fixkosten.

Bei von der Produktionsmenge unabhängigen konstanten variablen Stückkosten ergibt sich vereinfacht:

$$K(x) = k_v \cdot x + K_{fix}$$

Häufig ist in der Literatur zu lesen, **fixe Kosten seien immer Gemeinkosten**, während die variablen Kosten sowohl Einzelkosten als auch Gemeinkosten sein könnten. Dieser Behauptung sollten Sie kritisch gegenüberstehen, denn wie wir später in diesem Buch noch sehen werden, lassen sich beispielsweise produktfixe Kosten durchaus verursachungsgerecht und damit als Einzelkosten einer Produktart zuordnen. Die Aussage, Fixkosten seien immer Gemeinkosten, bezieht sich lediglich auf die einzelne Produkteinheit.

Die Durchschnittskosten errechnen sich gemäß der obenstehenden Kostenfunktion als Division der Gesamtkosten K(x) durch die produzierte Menge:

$$\text{Durchschnittskosten} = k_v(x) + \frac{K_{fix}}{x} \text{ bzw}$$

$$\text{Durchschnittskosten} = k_v + \frac{K_{fix}}{x}$$

Dagegen bezeichnet man als Grenzkosten die erste Ableitung der Kostenfunktion nach x und somit im Fall konstanter variabler Stückkosten:

$$\text{Grenzkosten} = \text{variable Stückkosten} = k_v$$

Einzelkosten und Gemeinkosten

Eine ebenso weit verbreitete Differenzierungsmöglichkeit von Kosten in der Kostenrechnung ist deren Zurechenbarkeit zu Kostenträgern. Abb. 2.3 gibt dazu einen Überblick.

Abb. 2.3 Kosteneinteilung nach der Art der Verrechnung

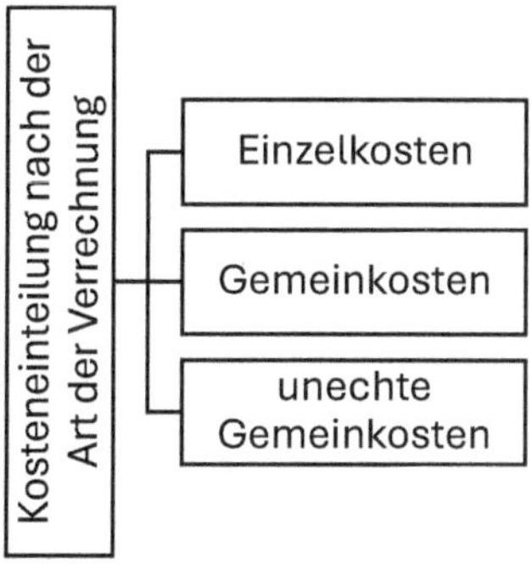

Als **Einzelkosten** bezeichnet man alle Kosten, die direkt und damit auch eindeutig einem bestimmten Kostenträger (bspw. einem Produkt, einem Auftrag oder einer Dienstleistung) zugeordnet werden können. Sie entstehen durch die Verantwortlichkeit des Kostenträgers selbst und sind diesem deshalb verursachungsgerecht zurechenbar. So sind die Rohstoffkosten für ein spezifisches Produkt, die Kosten für eine auftragsgebundene Konstruktionsarbeit oder die Kosten für Verpackungsmaterialien klassische Einzelkosten. Hervorzuheben sind auch die sogenannten **Sondereinzelkosten,** die aufgrund besonderer Produktions- oder Lieferbedingungen nur für einzelne Aufträge entstehen. Dazu zählen Lizenzgebühren oder die Kosten für die Verwendung von Spezialwerkzeugen.

Gemeinkosten dagegen sind alle Kosten, die nicht direkt und damit nicht verursachungsgerecht einem einzelnen Kostenträger zugeordnet werden können. Sie entstehen im Unternehmen insgesamt (beispielsweise für die Verwaltung, die Instandhaltung von Maschinen oder die Energieversorgung) und kommen dabei mehreren Produkten oder Prozessen zugute. Daher müssen Gemeinkosten mit Hilfe von Schlüsselgrößen auf die Kostenträger verteilt werden. Zur Schlüsselung der Kosten wird meist das Durchschnittsprinzip (auf Basis von Mengengrößen wie den Stückzahlen, der Zahl der Mitarbeitenden, den Stundenzahlen oder den Flächengrößen) oder das Tragfähigkeitsprinzip (auf Basis von Wertgrößen wie bspw. den Stückpreisen oder den Stückdeckungsbeiträgen) genutzt.

Beachten Sie, dass in der Gruppe der Gemeinkosten sowohl fixe als auch variable Kosten existieren. Die Gebäudemiete stellt ein Beispiel für fixe Gemeinkosten dar, wohingegen die Energiekosten durchaus in Teilen variabel sein können.

Abschließend sei darauf hingewiesen, dass manchmal auch von unechten Gemeinkosten die Rede ist. In diesem Fall handelt es sich prinzipiell um Einzelkosten, d. h. die Kosten sind eigentlich verursachungsgerecht ausweisbar, aus Gründen der rechnerischen Vereinfachung wird aber auf die verursachungsgerechte

Erfassung verzichtet und stattdessen eine Weiterverrechnung der Kosten als Gemeinkosten gewählt. Typisch ist diese Vorgehensweise für Hilfsstoffe, also all jene Rohstoffe, die zwar im Rahmen der Fertigung in Produkte in einem definierten Umfang einfließen, die aber kostenrechnerisch so unbedeutend sind, dass sie über Pauschalen verrechnet werden können.

Kostenartenrechnung 3

Die Kostenartenrechnung bildet die erste Stufe eines dreistufigen Kostenrechnungssystems. Sie erfasst sämtliche in einer Abrechnungsperiode anfallenden Kosten und ordnet sie nach ihrer Art. Damit bildet sie die Grundlage für die sich anschließenden Kostenstellenrechnung und Kostenträgerrechnung.

Aufgaben und Bedeutung der Kostenartenrechnung

Einerseits schafft die Kostenartenrechnung Transparenz über die gesamte Kostenstruktur eines Unternehmens, indem sie alle im Betrieb anfallenden Kosten erfasst und in der Folge systematisch kategorisiert. Dies ermöglicht es sowohl der Unternehmensführung als auch dem Controlling, die relevanten Kostentreiber zu identifizieren und zu verstehen, wo und warum Kosten überhaupt entstehen. Andererseits bildet die Kostenartenrechnung die Basis für zuverlässige Kalkulationen der Produkte und Dienstleistungen. Nur wenn alle Kostenarten korrekt erfasst sind, können auch die Selbstkosten und kostenbasierte Preise der betrieblichen Produkte realistisch bestimmt werden. Letztendlich unterstützt die Kostenrechnung auch die Kostenkontrolle durch detaillierte Abweichungsanalysen.

Alle Kostenarten werden in einem unternehmensspezifischen **Kostenartenplan** systematisch dokumentiert und geordnet. Dieser Plan bildet die Grundstruktur für die Kostenerfassung innerhalb des internen Rechnungswesens. Und damit ermöglicht er den Unternehmen, die Kosten konsistent zu klassifizieren.

S. Georg, *Einfach nur Kostenrechnung*, essentials,
https://doi.org/10.1007/978-3-658-53113-3_3

Systematik und Einteilung der Kostenarten

Kostenarten können nach verschiedenen Kriterien eingeteilt werden, wobei die **Einteilung nach den verwendeten Produktionsfaktoren** die in der Praxis gebräuchlichste Art ist. Typisch ist dabei die Unterscheidung in Materialkosten, Personalkosten, Kapitalkosten und Fremdleistungs- bzw. Dienstleistungskosten. Daneben gibt es auch die Einteilung von Kostenarten nach Funktionsbereichen (bspw. in Beschaffungs-, Lagerungs-, Fertigungs-, Verwaltungs- und Vertriebskosten) oder nach der Art der Verrechnung in Einzelkosten und Gemeinkosten.

Eine weitere Möglichkeit zur Unterscheidung von Kosten besteht zwischen **Primärkosten** (extern vom Markt bezogene Kosten wie bei Materialkosten oder Löhnen) und **Sekundärkosten** (intern produzierte Kosten wie bei der Eigenstromerzeugung). Darüber hinaus unterscheidet die Kostenrechnung zwischen **aufwandsgleichen Kosten** (denen tatsächliche Aufwendungen gegenüberstehen) und **kalkulatorischen Kosten** (fiktive Kosten ohne tatsächliche Buchhaltungsaufwendung in Form von Zusatzkosten oder Kosten, die als Anderskosten in anderer Höhe erfasst werden, als im externen Rechnungswesen Aufwand verbucht wird.).

Nachfolgend steht die Unterscheidung der Kosten nach verbrauchten Produktionsfaktoren im Mittelpunkt der Überlegungen.

Materialkosten: Erfassung und Berechnung

Materialkosten umfassen alle Kosten, die für den Verbrauch von Rohstoffen, Hilfsstoffen und Betriebsstoffen (also für den Verbrauch von Werkstoffen) in der Produktion entstehen. Sie lassen sich in Materialeinzelkosten (MEK) und Materialgemeinkosten (MGK) unterteilen.

Prinzipiell können die **Materialeinzelkosten** exakt berechnet und verursachungsgerecht einem Produkt oder allgemein einer Leistung (Kostenträger) zugeordnet werden. Sie entstehen typischerweise durch den Verbrauch von Rohstoffen, bspw. von Stahl im Maschinenbau oder von Holz in der Möbelherstellung. Die Berechnung erfolgt durch die unmittelbare Erfassung des in Geldeinheiten bewerteten Materialverbrauchs:

$$\text{Materialeinzelkosten} = \text{verbrauchte Materialmenge} \cdot \text{Materialpreis pro Einheit}$$

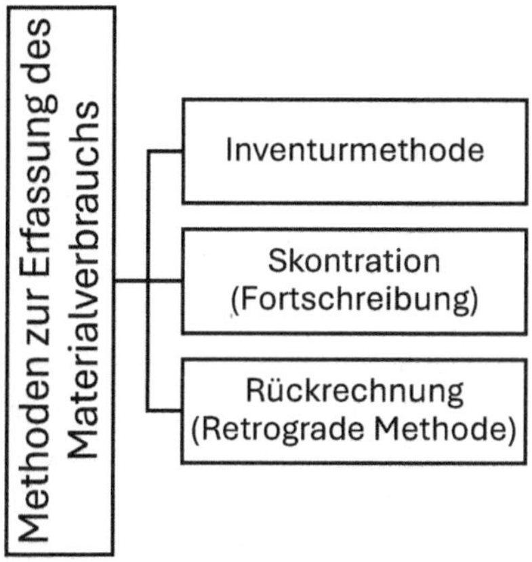

Abb. 3.1 Methoden zur Erfassung des Materialverbrauchs

Zur Bestimmung der verbrauchten Materialmenge existieren in den Unternehmen verschiedene Verfahren: So bestimmt sich bei Anwendung der **Inventurmethode** der Materialverbrauch über die Gleichung

$$\text{Verbrauchsmenge} = \text{Anfangsbestand} + \text{Zugänge} - \text{Endbestand},$$

wobei der Anfangsbestand und der Endbestand mittels Inventur ermittelt werden. In Abb. 3.1 sind neben der Inventurmethode weitere Verfahren zur Bestimmung des Materialverbrauchs zusammengestellt.

Im Unterschied zur Inventurmethode führt die Anwendung der **Skontration** (Fortschreibung) zu einem Materialverbrauch, der sich aus der Summe der in einem (meist elektronischen) Lagerbestandssystem erfassten Materialentnahmen (aus einem Lager) ergibt.

$$\text{Verbrauchsmenge} = \text{Summe der Lagerabgänge}$$

Schließlich bestimmte das Verfahren der **Rückrechnung** (Retrograde Methode) den Materialverbrauch, indem die Produktionsmenge eines Fertigproduktes mit dessen Stücklistenkoeffizient multipliziert wird: Werden für einen Apfelkuchen in einer Konditorei 1,2 kg Äpfel benötigt und werden 10 Apfelkuchen gebacken, dann werden entsprechend 12 kg Äpfel verbraucht.

$$\text{Verbrauchsmenge} = \text{Summe der} \left(\text{Produktmengen} \cdot \text{jeweilige Stücklistenkoeffizienten}\right)$$

Auch zur Bestimmung des Materialpreises lassen sich verschiedene Ansätze nutzen. Gebräuchlich ist die Verwendung von

- Durchschnittspreisen (wenn Material zu unterschiedlichen Preisen beschafft wird),
- Wiederbeschaffungspreisen (zur Substanzerhaltung) oder
- Plan- bzw. Festpreisen.

Mittels **Verbrauchsfolgeverfahren** wie FIFO (First-In-First-Out) oder LIFO (Last-In-Last-Out) kann die Bestimmung von verbrauchter Menge und Materialpreis auch kombiniert werden. Die Anwendung von FIFO ist besonders bei verderblichen Materialien sinnvoll, da dann davon auszugehen ist, dass im nächsten Produktionsschritt das Material verwendet wird, das bereits am ältesten ist, also als erstes zugegangen ist. Der Einsatz von LIFO macht besonders Sinn, wenn Material in Schüttlagern bevorratet wird, sodass davon auszugehen ist, dass im nächsten Produktionsschritt das Material verwendet wird, das als letztes zugegangen ist und deshalb ganz oben auf der Schüttung liegt. Betrachten Sie zu den beiden genannten Verbrauchsfolgeverfahren das folgende Beispiel:

Lageranfangsbestand am 1,5,: 100 kg zu 5 €/kg
Zugang am 3,5,: 400 kg zu 4 €/kg
Abgang am 7,5,: 250 kg
Zugang am 11,5,: 150 kg zu 6 €/kg
Abgang am 15,5,: 200 kg
Endbestand am 31,5,: 200 kg

Gemäß dem FIFO-Verfahren greift der Abgang am 7,5, zunächst auf den Anfangsbestand zurück (100 kg zu 5 €/kg = 500 €) und danach auf den Zugang vom 3,5, (150 kg zu 4 €/kg = 600 €). Damit verbleiben zunächst vom Zugang am 3,5, noch 250 kg. Der Abgang am 15,5, greift auf eben diesen Restbestand vom 3,5, zu (200 kg zu 4 €/kg = 800 €). Letztlich verbleiben im Lager für den Endbestand noch 50 kg vom Zugang am 3,5, (zu 4 €/kg) sowie der Zugang von 11,5, (150 kg zu 6 €/kg). Damit ist der Verbrauch in diesem Fall mit 1900 € zu bewerten. Dagegen hat der Endbestand einen Wert von 200 € (Rest vom 3,5,) + 900 € (Zugang vom 11,5,) = 1100 €.

Anders sieht es beim LIFO-Verfahren aus. Hier greift der Abgang am 7,5, auf den Zugang vom 3,5, zurück (250 kg zu 4 €/kg = 1000 €), wohingegen der Anfangsbestand unangetastet bleibt. Damit verbleiben zunächst neben dem Anfangsbestand im Wert von 500 € auch noch Reste vom Zugang am 3,5, in Höhe von 150 kg bzw. 600 €. Der Abgang am 15.5. greift zunächst auf den Zugang vom 11,5, zurück (150 kg zu 6 €/kg = 900 €) und entnimmt die noch fehlenden 50 kg aus dem Zugang vom 3,5, (50 kg zu 4 €/kg = 200 €). Letztlich verbleiben im Lager für den Endbestand noch 100 kg vom Zugang am 3,5, (zu 4 €/kg) sowie der Anfangsbestand. Damit ist der Verbrauch in diesem Fall mit 2100 € zu bewerten. Dagegen hat der Endbestand einen Wert von 400 € (Rest vom 3,5,) + 500 € (Anfangsbestand) = 900 €.

Sie sehen anhand dieses Beispiels, dass bei den Verbrauchsfolgeverfahren die Reihenfolge, in der Material aus dem Lager entnommen wird, einen Einfluss auf die Höhe der Materialkosten hat.

Im Unterschied zu den Materialeinzelkosten können die **Materialgemeinkosten (MGK)** keinem einzelnen Produkt verursachungsgerecht und damit direkt zugeordnet werden, da sie im Kontext mehrerer Produkte entstehen oder für übergeordnete Funktionen anfallen. Typische Beispiele für Materialgemeinkosten sind die Personalkosten für das Lagerpersonal oder für die Einkaufsabteilung, die Abschreibungen auf Lagereinrichtungen oder die Betriebskosten für Lagerräume. Diese Kosten werden im Rahmen der später in diesem Buch noch dargestellten Kostenstellenrechnung in **Kostenstellen** erfasst und über Verteilungsschlüssel bzw. Kalkulationssätze im Rahmen der Kostenträgerrechnung verrechnet. Dabei erfolgt die Verrechnung der Materialgemeinkosten typischerweise als prozentualer Zuschlag auf die Materialeinzelkosten, sodass die Vorgehensweise dem Tragfähigkeitsprinzip folgt:

$$\text{Materialgemeinkosten} = \text{Materialeinzelkosten} \cdot \text{Materialgemeinkostenzuschlag}\left(\text{in\%}\right)$$

Die gesamten Materialkosten berechnen sich dann aus der Summe beider Komponenten, also aus der Summe von Materialeinzelkosten und Materialgemeinkosten.

Personalkosten: Erfassung und Berechnung

Die Personalkosten umfassen alle Entgelte in Form von Löhnen und Gehältern, die Mitarbeitende für ihre Arbeit im Unternehmen erhalten, sowie auch alle damit verbundenen Sozialabgaben und Personalnebenkosten. Damit setzen sie sich aus mehreren Komponenten zusammen. Gerade in Dienstleistungsunternehmen, aber auch in vielen anderen Unternehmen bilden die Personalkosten aufgrund ihrer Höhe eine der wichtigsten Kostenarten.

Die einzelnen Komponenten der Personalkosten lauten:

Die **Gehälter** sind die zeitabhängigen Arbeitsentgelte für die Leistung von Angestellten (kaufmännisch und technisch), während die **Löhne** in Form vom Fertigungslöhnen oder Hilfslöhnen an Arbeiter gezahlt werden. Aber aus Ausbildungsvergütungen oder die Entlohnung für Praktika zählen zu dieser Kostengruppe.

Die **gesetzlichen Sozialabgaben** umfassen die Arbeitgeberbeiträge zu den Sozialversicherungen (in Deutschland sind dies die Kranken- und Pflegeversicherung, die Rentenversicherung, die Arbeitslosenversicherung und die Unfallversicherung) sowie Entgeltfortzahlungen im Krankheitsfall und weitere Umlagen (bspw. für den Mutterschutz). Einen Überblick zu den Komponenten der Sozialversicherung gewährt Abb. 3.2.

Darüber hinaus entstehen in vielen Unternehmen auch **freiwillige und tariflich vereinbarte Personalnebenkosten**. Zu diesen zählen z. B. das oftmals gezahlte Urlaubs- oder Weihnachtsgeld. Aber auch die vermögenswirksamen Leistungen sowie die Beiträge zur betrieblichen Altersversorgung sind als Personalnebenkosten zu nennen. Nicht zu vergessen sind auch die weiteren möglichen Zusatzleistungen wie bspw. der Fahrgeld- oder der Essenszuschuss.

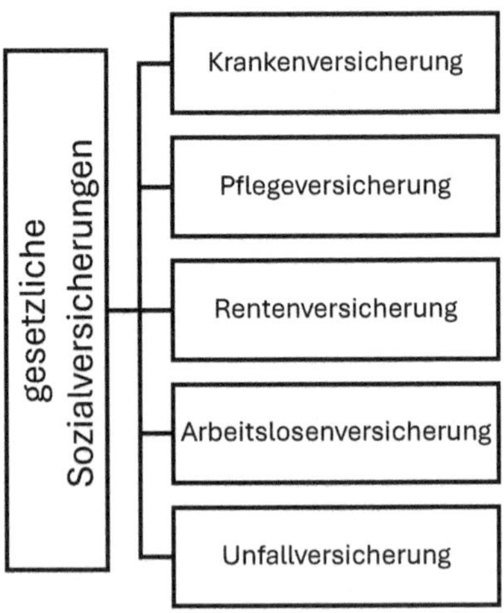

Abb. 3.2 Kostenbestandteile der gesetzlichen Sozialversicherungen

Die Berechnung der Personalkosten erfolgt nach der Formel:

$$\text{Personalkosten} = \text{Arbeitsentgelte} + \text{Sozialabgaben} + (\text{weitere})\ \text{Personalnebenkosten}$$

Die Sozialabgabenquote liegt in Deutschland durchschnittlich bei etwas mehr als 20 % der gezahlten Arbeitsentgelte. Ein praktisches Beispiel: Ein Arbeitnehmer mit einem Bruttojahresgehalt von 50.000 € verursacht bei einer Abgabenquote von 20 % Sozialabgaben von 10.000 €. Hinzu kommen noch Urlaubsgeld, Weihnachtsgeld und weitere Leistungen als Personalnebenkosten, die jedoch meist weniger als zehn Prozent des Bruttojahresgehalts ausmachen. Damit betragen die (auszahlungswirksamen) Personalkosten in diesem Beispiel mindestens 60.000 €.

In der Praxis lassen sich die Personalkosten nur selten als Einzelkosten auf die Kostenträger verrechnen, am ehesten noch im Fall von Fertigungslöhnen als Fertigungseinzelkosten. Meist werden die Personalkosten jedoch über die Kalkulationssätze aus der Kostenstellenrechnung (bspw. in Form von Stundensätzen oder prozentualen Zuschlägen auf andere Kostenbestandteile) den Kostenträgern zugerechnet, da sie als Gemeinkosten keinem einzelnen Kostenträger verursachungsgerecht zuzuordnen sind.

Kalkulatorische Kosten

Die kalkulatorischen Kosten in Form von **Anderskosten** oder **Zusatzkosten** sind diejenigen Kosten, denen in der Buchhaltung keine entsprechenden Aufwendungen (Zusatzkosten) oder aber Aufwendungen in anderer Höhe (Anderskosten) gegenüberstehen. Typische Beispiele für kalkulatorische Kosten bilden die kalkulatorischen Abschreibungen, die kalkulatorischen Eigenkapitalzinsen oder der kalkulatorische Unternehmerlohn.

Kalkulatorische Abschreibungen

Die kalkulatorischen Abschreibungen unterscheiden sich von den bilanziellen Abschreibungen, da sie die tatsächliche Wertabnahme eines Vermögensgegenstands widerspiegeln sollen – losgelöst von gesetzlichen Regelungen. Dabei ist aber nicht generell auszuschließen, dass sich das Unternehmen dazu entscheidet, die Werte der bilanziellen Abschreibung für die kalkulatorischen Abschreibungen zu übernehmen. Die verschiedenen Ansätze zur Bestimmung der kalkulatorischen Abschreibungen sind in der Abb. 3.3 zusammengestellt.

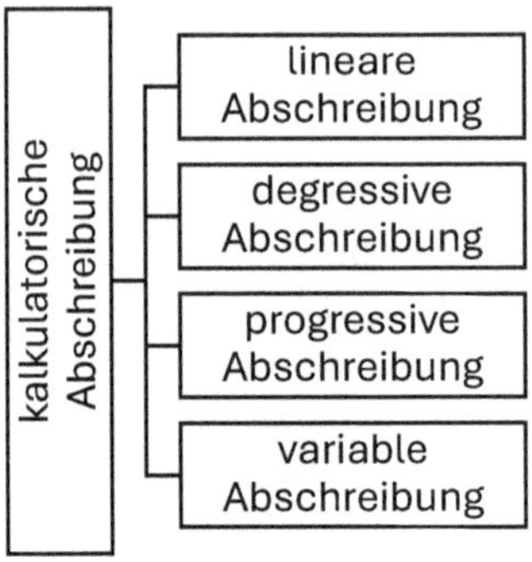

Abb. 3.3 Methoden der kalkulatorischen Abschreibung

Besonders populär ist in den Unternehmen die Methode der **linearen Abschreibung.** In diesem Fall erfolgt die Berechnung der Abschreibungsbeträge nach der folgenden Formel:

$$\text{Kalk. Abschreibung} = \frac{\text{Anschaffungspreis bzw. Wiederbeschaffungspreis} - \text{Restwert}}{\text{Nutzungsdauer}}$$

Als besonders vorteilhaft werden bei dieser Methode von den Anwendern die einfache Berechnungsweise und die konstante Höhe der Kosten über die Nutzungsdauer angesehen.

Alternativ zur linearen Abschreibung kann auch die **geometrisch-degressive** Abschreibung genutzt werden: Ausgehend vom Anschaffungs- oder Wiederbeschaffungspreis wird auf den jeweils aktuellen Buchwert des Anlagegutes ein über die Nutzungsdauer konstanter Prozentsatz zur Wertminderung angesetzt. Beträgt der ursprüngliche Anschaffungspreis bspw. 100.000 € und wird mit einem Abschreibungsprozentsatz von 30 % gearbeitet, dann beträgt der erste Abschreibungsbetrag 30.000 € bei einem Restbuchwert von 70.000 €. Im zweiten Jahr wird der Prozentsatz (hier: 30 %) dann auf den aktuellen Restbuchwert bezogen, woraus sich ein Abschreibungsbetrag von 21.000 € bei einem Restbuchwert von 49.000 € nach dem zweiten Jahr ergibt.

Als vorteilhaft werden bei der Methode der geometrisch-degressiven Abschreibung die Möglichkeit zur schnellen Verrechnung von vergleichsweise hohen Anteilen des Investitionsvolumens und die im Zeitverlauf sinkende Kostenlast angesehen. Nachteilig ist dagegen, dass mit dieser Methode eine Abschreibung auf den Wert 0 nicht möglich ist, sodass während der Nutzungsdauer auf eine andere Methode gewechselt werden muss.

Wird bei der geometrisch degressiven Abschreibung ein bestimmter Restwert angestrebt, so muss zunächst der Abschreibungsprozentsatz bestimmt werden, mit dem sich der angestrebte Restwert erzielen lässt. Betrachten Sie das obenstehende Beispiel zur geometrisch-degressiven Abschreibung, jetzt aber ohne Kenntnis des Abschreibungsprozentsatzes, dafür mit dem Ziel, dass das Produkt, das einen Anschaffungspreis von 100.000 € hat, nach zwei Jahren noch einen Restwert von 49.000 € aufweisen soll. In diesem Fall ergibt sich der gesucht Abschreibungsprozentsatz mittels folgender Formel:

$$p = 1 - \sqrt[2]{\frac{49.000}{100.000}} = 1 - \sqrt[2]{0{,}49} = 1 - 0{,}7 = 0{,}3 = 1 - \sqrt[n]{\frac{L}{A}}$$

mit n = Nutzungsdauer, L = Liquidationserlös und A = Anschaffungspreis

In der Praxis kaum eine Rolle spielt die **arithmetisch-degressive Abschreibung.** Bei dieser Methode sinkt der Abschreibungsbetrag von Jahr zu Jahr um einen festen absoluten Betrag. Im Unterschied zur geometrisch-degressiven Methode ist es dabei möglich, auf einen Restwert von 0 € abzuschreiben. So können bspw. 100.000 € über eine Laufzeit von 4 Jahren mit den Abschreibungsbeträgen von 40.000 € (Jahr 1), 30.000 € (Jahr 2), 20.000 € (Jahr 3) und 10.000 € (Jahr 4) auf 0 € abgeschrieben werden. Der gesuchte Differenzbetrag d (hier: 10.000 €) zwischen den Abschreibungsbeträgen der einzelnen Jahre lässt sich gemäß folgender Formel erreichen:

$$\mathrm{d} = \frac{\mathrm{A} - \mathrm{L}}{\sum_{\mathrm{i}}^{\mathrm{n}} \mathrm{i}} = \frac{100.000\ \mathrm{Euro} - 0\ \mathrm{Euro}}{1 + 2 + 3 + 4} = 10.000\ \mathrm{Euro}$$

Progressive Abschreibungsmethoden sind zwar denkbar, spielen aber in der Praxis ebenfalls fast keine Rolle. Sie sind darauf ausgerichtet, dass die Abschreibungsbeträge zunächst mit niedrigen Werten beginnen und in der Folge dann steigen. Sinnvoll sind diese Methoden vor allem dann, wenn in der Zukunft mit signifikant steigenden Kostenträgerstückzahlen zu rechnen ist, auf welche die Abschreibungen verrechnet werden.

Abschließend sei noch die **variable (leistungsabhängige) Abschreibung** zu nennen. In diesem Fall wird der abzuschreibende Gesamtbetrag aus Anschaffungs- bzw. Wiederbeschaffungspreis abzüglich des geplanten Liquidationserlöses auf die Gesamtnutzungsmenge (bspw. in Stück) verrechnet. So kann dann jährlich die Abschreibung auf Basis der tatsächlich in Anspruch genommenen Nutzungsmenge bestimmt werden. Wenn bspw. ein Taxiunternehmen 80.000 € Werteverzehr für das Fahrzeug auf 200.000 km verrechnen will, ergibt sich ein Kilometersatz von 0,4 €

pro Kilometer. Wird das Fahrzeug in einem Jahr 50.000 Kilometer gefahren, ergibt sich dann daraus ein Abschreibungsbetrag von 20.000 €.

Kalkulatorische Zinsen

Die kalkulatorischen Zinsen drücken die Opportunitätskosten der Kapitalbindung aus. Dabei berücksichtigen sie, dass das Kapital, das in Betriebsmitteln (durchschnittlich) gebunden ist, nicht anderswo rentabler angelegt werden kann. Daher werden die entgangenen Zinsgewinne als kalkulatorische Kosten in der Form von Zusatzkosten in die Kostenrechnung aufgenommen.

Die Höhe der kalkulatorischen Zinsen berechnet sich nach der folgenden Formel:

$$\text{kalkulatorische Zinsen} = \text{betriebsnotwendiges Kapital} \cdot \text{kalkulatorischer Zinssatz}$$

Zur Bestimmung der kalkulatorischen Zinsen ist also zunächst das betriebsnotwendige Kapitel zu berechnen. Das **betriebsnotwendige Kapital** ist jener Teil des Kapitals, der zur Erfüllung des Betriebszwecks erforderlich ist. Dazu umfasst es sowohl das Anlagevermögen (bspw. Maschinen, Gebäude, Grundstücke) als auch das Umlaufvermögen (bspw. Rohstoffe oder Forderungen) abzüglich des zinsfreien Abzugskapitals (z. B. Lieferantenkredite bzw. Kundenanzahlungen). Da sich der Wert des Anlagevermögens jährlich ändert, muss dessen Höhe – basierend auf den aktuellen Restwerten bzw. Buchwerten – jährlich neu berechnet werden. Alternativ wird ein durchschnittlich gebundenes Kapital unterstellt, für das der Wert des Anlagegutes bei Neuanschaffung halbiert wird, sodass dauerhaft mit dem durchschnittlichen Wert gerechnet werden kann. Auf diese Weise soll mehr Konstanz bei der Bewertung des Vermögens erreicht werden, das die Grundlage für den Wert des betriebsnotwendigen Kapitals bildet.

Der **kalkulatorische Zinssatz** orientiert sich typischerweise am aktuellen Marktzinssatz meist in Verbindung mit einem Risikozuschlag und wird bspw. vom Controlling, Management oder Rechnungswesen festgelegt. Betrachten Sie dazu das folgende Beispiel: Ein Unternehmen hat ein betriebsnotwendiges Kapital von 500.000 € und legt einen Zinssatz von 10 % fest. Die jährlichen kalkulatorischen Zinsen betragen demnach:

$$\text{kalkulatorische Zinsen} = 500.000\ \text{Euro} \cdot 0{,}1 = 50.000\ \text{Euro}$$

Weitere kalkulatorische Kosten

Neben den Abschreibungen und den Zinsen zählen auch die **kalkulatorische Miete** (als Mietwert der eigenen selbstgenutzten Immobilien), der **kalkulatorischer Unternehmerlohn** (als Entlohnung der unternehmerischen Tätigkeit bei Einzelkaufleuten und Personengesellschaften im Sinne eines Plangewinns) sowie die **kalkulatorischen Wagnisse** (als Risikokosten für mögliche Ausfälle oder Beschädigungen) zu den kalkulatorischen Kosten. Sie haben gemein, dass sie durchaus betriebswirtschaftlich sinnvoll sind, aber als Zusatzkosten nicht in der Gewinn- und Verlustrechnung der Finanzbuchhaltung erscheinen.

Fremdleistungskosten: Erfassung und Berechnung

Fremdleistungskosten entstehen durch die Beauftragung anderer Unternehmen zur Erbringung bestimmter Leistungen. Beispielsweise ist an eine externe Steuerberatungsgesellschaft zu denken, die die Erstellung der Steuererklärungen für das Unternehmen übernimmt. Aber auch ein Energieversorger, welcher das Unternehmen mit Strom oder Wärmeenergie versorgt, verursacht Fremdleistungskosten in Form von Energiekosten.

Bei der Erfassung der Fremdleistungskosten ist darauf zu achten, dass diese periodengerecht erfolgt. Prinzipiell ergibt sich die Höhe der Kosten unmittelbar aus den Rechnungen des Leistungserbringers. Diese müssen gegebenenfalls auf den Abrechnungszeitraum der Kostenrechnung angepasst werden.

Kostenstellenrechnung

4

Die Kostenstellenrechnung stellt die zweite Stufe des mehrstufigen Kostenrechnungssystems dar und bildet die Schnittstelle zwischen der Erfassung von Kostenarten in der Kostenartenrechnung und der späteren Zurechnung der Kosten auf die Kostenträger (Produkte oder Dienstleistungen). Ihre zentrale Aufgabe besteht darin, alle angefallenen Gemeinkosten nach Möglichkeit verursachungsgerecht den verschiedenen Orten ihrer Entstehung zuzuordnen und damit größtmögliche Transparenz hinsichtlich der Kostenstruktur des Unternehmens zu schaffen.

Aufgaben und Bedeutung der Kostenstellenrechnung

Als zweiter Teil des Kostenrechnungssystems erfüllt die Kostenstellenrechnung mehrere wichtige Funktionen: Sie zeigt auf, an welcher Stelle beziehungsweise in welchem Bereich des Unternehmens Kosten entstehen. Damit wird die Grundlage für eine fundierte Wirtschaftlichkeitskontrolle geschaffen, da Leistungsträger (die Kostenstellenleitung) für ihre Bereiche verantwortlich gemacht werden können. Ferner ermöglicht die Kostenstellenrechnung die Ermittlung von Kostensätzen und Zuschlagssätzen, die für die Kalkulation von Produkten und Dienstleistungen unverzichtbar sind. Und schließlich unterstützt sie auch die Kostenplanung und Kostenkontrolle, die durch Soll-Ist-Vergleiche realisiert wird.

S. Georg, *Einfach nur Kostenrechnung*, essentials,
https://doi.org/10.1007/978-3-658-53113-3_4

Bildung von Kostenstellen

Die Nutzung der Kostenstellenrechnung macht zunächst die Bildung von Kostenstellen erforderlich. Bei einer Kostenstelle handelt es sich letztlich um eine Art Konto, über das Kosten selbstständig abgerechnet werden. Die Bildung von Kostenstellen folgt in der Praxis mehreren grundlegenden Prinzipien:

- Das **Prinzip der Identität** fordert, dass die Kostenstellen selbstständige Verantwortungsbereiche abbilden, die einer Person oder Führungskraft zugeordnet werden können.
- Das **Prinzip der Eindeutigkeit** verlangt, dass die gesamte Organisation überschneidungsfrei in Kostenstellen abgebildet wird und keine doppelten Zuordnungen entstehen.
- Das **Prinzip der Wirtschaftlichkeit** besagt, dass die Kostenstellenunterteilung ausreichend detailliert sein muss, um die Anforderungen des Controllings zu erfüllen, aber nicht unnötig feingliedrig werden sollte, um nicht zielführenden Zusatzaufwand zu vermeiden.

Kostenstellen lassen sich nach verschiedenen Kriterien gliedern:

- Eine **funktionale Gliederung** unterscheidet die Kostenstellen nach Betriebsfunktionen wie der Materialwirtschaft, der Fertigung, der Verwaltung oder dem Vertrieb.
- Die **organisatorische Gliederung** der Kostenstellen folgt der Organisationsstruktur des Unternehmens,
- während die **räumliche Gliederung** nach Unternehmensstandorten oder Werken differenziert.

In der Regel wird eine Kombination dieser Ansätze verwendet.

Besonders wichtig ist die Unterscheidung zwischen **Hauptkostenstellen** und **Hilfskostenstellen**. Hauptkostenstellen (oftmals auch als Endkostenstellen benannt) erbringen direkt betriebliche Leistungen, die letztlich Teil der marktfähigen Produkte oder Dienstleistungen sind – beispielsweise Fertigungsbereiche oder die Materiallagerverwaltung. Hilfskostenstellen (immer wieder auch als Vorkostenstellen bezeichnet) unterstützen hingegen andere Kostenstellen bei ihren Aufgaben, ohne selbst direkte Leistungen zu Kostenträgern zu erbringen – dazu gehören beispielsweise die Betriebsleitung, die Kantine oder eine Reparaturwerkstatt. Hinsichtlich der Begrifflichkeiten sei darauf hingewiesen, dass das Begriffspaar der Vor- und Endkostenstellen vor allem die abrechnungstechnische Rolle in der Kostenverteilung betont, wohingegen das Begriffspaar Hilfs- und Hauptkostenstellen auf die inhaltliche Rolle im Leistungsprozess verweist.

Der Betriebsabrechnungsbogen (BAB)

Der **Betriebsabrechnungsbogen (BAB)** gilt als das zentrale Instrument der Kostenstellenrechnung und bildet die Systematik der Kostenverteilung ab. Er wird in Tabellenform erstellt und stellt eine Matrix dar, in der die Kostenarten in den Zeilen und die Kostenstellen in den Spalten aufgeführt sind. Dabei erfüllt der BAB mehrere Funktionen:

- Er dient zunächst der systematischen Erfassung und Verteilung der (Gemein-) Kostenarten auf die Kostenstellen.
- Zweitens ermöglicht er die Berechnung von Zuschlagssätzen, die später für die Produktkalkulation verwendet werden.
- Und drittens unterstützt er die Wirtschaftlichkeitskontrolle durch Zeitvergleiche und Betriebsvergleiche.

Aufbau und Struktur des BAB

Der klassische Aufbau eines BAB erfolgt nach einem standardisierten Schema. In der **linken Spalte** werden alle Gemeinkosten nach Kostenarten aufgelistet – etwa die Personalkosten, die Energiekosten, die Miete oder die Materialgemeinkosten. Diese Werte stammen direkt aus der Kostenartenrechnung. Lassen sich die Gemeinkostenarten verursachungsgerecht den Kostenstellen zuweisen (bspw. die Gehälter für die in einer Kostenstelle beschäftigten Angestellten), spricht man von Kostenstelleneinzelkosten, andernfalls (bspw. bei der Miete für das Gesamtgebäude) von Kostenstellengemeinkosten.

Die rechts davon folgenden **Spalten** bilden die einzelnen Kostenstellen ab – bei einem (seltenen) einstufigen BAB nur Hauptkostenstellen, bei einem mehrstufigen BAB auch Hilfskostenstellen. In jede Spalte werden die Kostenarten gemäß dem Verursachungsprinzip bei Kostenstelleneinzelkosten bzw. dem definierten Verteilungsschlüssel (Umlageschlüssel) bei Kostenstellengemeinkosten eingetragen. Mögliche Verteilungsschlüssel sind beispielsweise die beanspruchte Fläche in Quadratmeter, die Zahl der Mitarbeitenden in einer Kostenstelle, Arbeitszeiten oder Maschinenzeiten in Stunden.

Die **Spalten** des BAB schließen (zunächst) mit den Gesamtkosten jeder Kostenstelle nach der primären Kostenverrechnung ab.

Einstufiger und mehrstufiger BAB

Der **einstufige BAB** wird verwendet, wenn ein Unternehmen nur mit Hauptkostenstellen arbeiten will oder wenn die Verflechtungen zwischen möglichen Hilfskostenstellen vernachlässigbar sind. In diesem Fall werden alle Gemeinkosten direkt den Hauptkostenstellen zugeordnet.

Der **mehrstufige BAB** ist komplexer und wird verwendet, wenn Hilfskostenstellen ihre Leistungen untereinander austauschen und für Hauptkostenstellen erbringen. Dies ist der betriebliche Regelfall, bei dem die Kostenverteilung in mehreren Stufen erfolgt: Erst werden die Leistungen der Hilfskostenstellen bepreist (innerbetriebliche Leistungsverrechnung), anschließend werden die Gesamtkosten der Hilfskostenstellen auf die Hauptkostenstellen verrechnet.

Methoden der Innerbetrieblichen Leistungsverrechnung

Die innerbetriebliche Leistungsverrechnung beschäftigt sich mit der Frage, wie Leistungen, die Hilfskostenstellen untereinander erbringen, verrechnet werden sollen. Es gibt verschiedene Verfahren, die sich in ihrer Genauigkeit und Komplexität unterscheiden. Dazu gewährt Ihnen die Abb. 4.1 einen ersten Überblick.

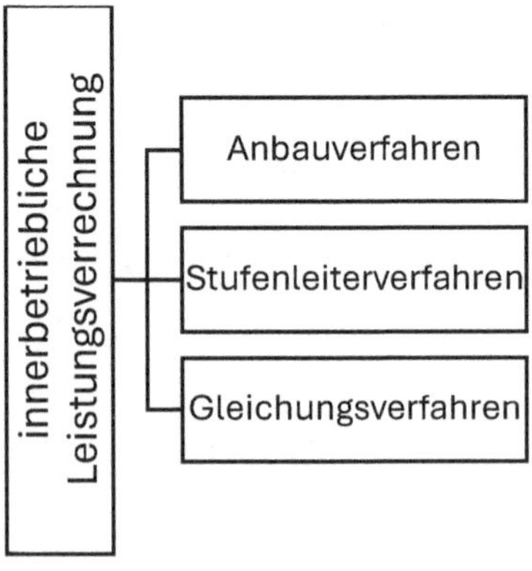

Abb. 4.1 Verfahren zur innerbetrieblichen Leistungsverrechnung

Das Anbauverfahren (Blockverfahren)

Das Anbauverfahren ist das rechnerisch einfachste Verfahren der innerbetrieblichen Leistungsverrechnung. Es verrechnet nur Leistungen von Hilfskostenstellen auf Hauptkostenstellen, ohne eine gegenseitige Leistungsverrechnungen zwischen den Hilfskostenstellen durchzuführen, die damit auch nicht dokumentiert werden müssen. Zur Bestimmung der Verrechnungssätze der einzelnen Hilfskostenstellen sind die (primären) Kosten jeder Hilfskostenstelle zu erfassen und jeweils auf die an die Hauptkostenstellen abgegebene Leistungsmenge zu beziehen. Demnach ergibt sich der Verrechnungssatz ergibt über die Formel:

$$\text{Verrechnungssatz} = \frac{\text{Primärkosten der Hilfskostenstelle}}{\text{Insgesamt an Hauptkostenstellen abgegebene Leistungsmenge}}$$

Ein Beispiel macht diese Berechnungsweise deutlich: Eine Stromkostenstelle für die eigene Stromerzeugung mit erfassten Primärkosten von 50.000 Euro erzeugt insgesamt 250.000 Kilowattstunden Strom, die innerbetrieblich von den Hauptkostenstellen genutzt werden. Der Verrechnungssatz beträgt demnach 0,2 Euro pro einer Kilowattstunde Strom. Jede Hauptkostenstelle wird in der Folge gemäß der Höhe des von ihr verbrauchten Stroms entsprechend belastet. Das Anbauverfahren ist einfach zu handhaben, aber ungenau, wenn zwischen den Hilfskostenstellen stark differenzierende Austauschbeziehungen bestehen, da diese gegenseitigen Abhängigkeiten ignoriert werden.

Das Stufenleiterverfahren (Treppenverfahren)

Das Stufenleiterverfahren ist bei stark differenzierenden Austauschbeziehungen zwischen den Hilfskostenstellen präziser als das Anbauverfahren und berücksichtigt immerhin einseitige Leistungsverrechnungen zwischen den Hilfskostenstellen. Die Hilfskostenstellen werden dazu in einer Reihenfolge angeordnet, beginnend mit der Hilfskostenstelle, die wertmäßig am wenigsten Leistungen von den anderen Hilfskostenstellen empfängt.

Das Berechnungsverfahren funktioniert stufenweise: Auf der ersten Stufe werden die Kosten der ersten Hilfskostenstelle auf alle nachfolgenden Kostenstellen (sowohl auf Hilfs- als auch auf Hauptkostenstellen) verrechnet. Auf der zweiten Stufe wird dann die nächste Hilfskostenstelle – jetzt mit ihren Primärkosten zuzüglich der bereits erhaltenen Umlagen von der ersten Hilfskostenstelle – verrechnet, wiederum auf die Leistungen aller nachfolgenden Kostenstellen. Ein Beispiel illustriert dies: Kostenstelle 1 hat Primärkosten von 10.000 Euro und gibt 1000 Einheiten an nachgelagerte Kostenstellen ab. Der Verrechnungssatz beträgt 10 Euro pro Einheit. Kostenstelle 2 empfängt 20 Einheiten von Kostenstelle 1, was einen Kostenzuschlag (Sekundärkosten) von 200 Euro bedeutet. Nehmen wir an, ihre eigenen Primärkosten liegen bei 2000 Euro, insgesamt entstehen dann für die zweite Hilfskostenstelle Kosten in Höhe von 2200 Euro. Nehmen wir außerdem an, sie gibt 44 Einheiten an nachgelagerte, noch nicht abgerechnete Kostenstellen ab. Dann liegt der Verrechnungssatz der zweiten Hilfskostenstellen bei 50 Euro pro Einheit.

Das mathematische Verfahren (Gleichungsverfahren)

Das mathematische Verfahren, in der Praxis meist als Gleichungsverfahren bezeichnet, bildet die präziseste Methode der innerbetrieblichen Leistungsverrechnung. Bei der Anwendung von diesem Verfahren ist ein System von linearen Gleichungen zu lösen, um alle gegenseitigen Leistungsverrechnungen simultan zu berücksichtigen. Alternativ kann mittels des Iterationsverfahrens eine Annäherung an die Lösungen des Gleichungsverfahrens erreicht werden.

Beim mathematischen Verfahren wird für jede Hilfskostenstelle eine eigene Gleichung erstellt, bei der die Gesamtkosten der jeweiligen Kostenstelle (Primärkosten und Sekundärkosten aus den Umlagen von anderen Hilfskostenstellen) dem Wert der erbrachten Leistung gegenüberstellt werden. Das System ist danach algebraisch zu lösen, um die endgültigen Verrechnungspreise zu ermitteln. Dieses Verfahren ist mathematisch exakt und berücksichtigt den Leistungsaustausch zwischen den Hilfskostenstellen vollständig. Betrachten Sie dazu ein einfaches Beispiel mit zwei Hilfskostenstellen A und B: Kostenstelle A weist Primärkosten von 10.000 Euro aus und erbringt eine Leistung von insgesamt 1000 Einheiten. Kostenstelle B weist Primärkosten von 2000 Euro aus und erbringt eine Gesamtleistung von 44 Einheiten. A empfängt 10 Einheiten von B, und B nutzt 20 Einheiten von A. Die Gleichungen lauten:

$$1000 \times q_A = 10.000 + 10 \cdot q_B$$

$$44 \times q_B = 2000 + 20 \cdot q_A$$

wobei q_A und q_B die Verrechnungspreise pro Einheit der Hilfskostenstellen A und B sind.

Die Wahl der geeigneten Methode der innerbetrieblichen Leistungsverrechnung hängt von der Komplexität der Verflechtungen zwischen den Hilfskostenstellen, dem angestrebten Rechenaufwand und den Anforderungen an die Genauigkeit der Berechnungen ab. Für kleinere Unternehmen mit einfachen Strukturen genügt oftmals das Anbauverfahren, während größere Unternehmen mit komplexen Verflechtungen der Leistungen der Hilfskostenstellen vom Stufenleiterverfahren oder vom mathematischen Verfahren profitieren.

Berechnung von Kalkulationssätzen

Nachdem die Kosten der Hilfskostenstellen nach der Durchführung der innerbetrieblichen Leistungsverrechnung vollständig als sekundäre Kosten auf die Hauptkostenstellen verteilt sind, kann für jede Hauptkostenstelle die Summe aus primären und sekundären Gemeinkosten gebildet werden. Diese Summe gilt es nun auf eine geeignete Bezugsgröße zu verrechnen, um so Kalkulationssätze zu erhalten, mit denen im Rahmen der Kostenträgerrechnung die Gemeinkosten auf die Produkte und Dienstleistungen verrechnet werden können.

Typische Bezugsgrößen für eine Hauptkostenstelle Material (rund um die Beschaffungs- und Lagerungsprozesse der Materialien) sind die Materialeinzelkosten. Für Fertigungskostenstellen kommen Fertigungsstunden, Maschinenstunden oder Fertigungslöhne als Bezugsbasis infrage. Verwaltungs- und Vertriebsgemeinkosten werden dagegen in der Regel prozentual den Herstellkosten (Summe aller Material- und Fertigungskosten) zugeschlagen. Weitere Informationen dazu finden Sie im Kapitel zur Kostenträgerrechnung.

Kostenträgerstückrechnung 5

Die Kostenträgerrechnung im Sinne einer Kostenträgerstückrechnung bildet die dritte und letzte Stufe des mehrstufigen Kostenrechnungssystems und dient der Zurechnung aller erfassten und verteilten Kosten auf die einzelnen Kostenträger – typischerweise Produkte, Dienstleistungen oder Kundenaufträge. Die Kostenträgerrechnung beantwortet die Frage, welche Kosten für die Erstellung eines bestimmten Produkts oder einer Dienstleistung anfallen und wie hoch die Selbstkosten pro Stück sind. Damit liefert sie die notwendigen Daten für die Angebotserstellung, die Preiskalkulation und die Gewinnermittlung. Ferner liefert sie Informationen über die Rentabilität einzelner Produkte und unterstützt damit Entscheidungen zu Produktionsprogrammgestaltung und Sortimentsoptimierung.

Die Kostenträgerstückrechnung kann in zwei Varianten durchgeführt werden:

- als **Vorkalkulation** zur Ermittlung der zu erwartenden Kosten auf Basis von Plankosten (z. B. für die Erstellung von Angeboten) oder
- als **Nachkalkulation** zur Bestimmung der tatsächlich angefallenen Kosten nach Abschluss einer Produktion oder eines Geschäftsjahres.

Überblick über Kalkulationsmethoden

Die Auswahl einer geeigneten Kalkulationsmethode hängt im Wesentlichen vom konkreten Produktionsprogramm und der Produktionsstruktur ab. Man unterscheidet mehrere Verfahren, die in der Abb. 5.1 im Überblick zu erkennen sind: die

S. Georg, *Einfach nur Kostenrechnung*, essentials,
https://doi.org/10.1007/978-3-658-53113-3_5

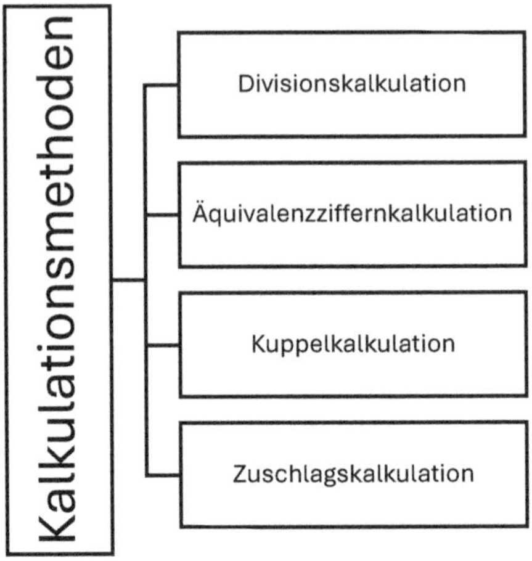

Abb. 5.1 Kalkulationsmethoden im Rahmen der Kostenträgerstückrechnung

Divisionskalkulation, die Äquivalenzziffernkalkulation, die Kuppelkalkulation und die Zuschlagskalkulation.

Die Divisionskalkulation

Die Divisionskalkulation stellt das einfachste Kalkulationsverfahren dar. Sie lässt sich sinnvoll anwenden, wenn ein Unternehmen **nur ein einziges homogenes Produkt** oder nur wenige sehr ähnliche Produkte, die sich als ein Produkt interpretieren lassen, in Massenproduktion herstellt.

Einstufige Divisionskalkulation

Bei der einstufigen Divisionskalkulation erfolgt die Fertigung des zu kalkulierenden Produktes ohne Lagerbestandsveränderungen in nur einer einzigen Produktionsstufe. Die Berechnung ist in diesem Fall sehr einfach: Die Gesamtkosten einer Abrechnungsperiode werden durch die gesamte Menge der in dieser Periode hergestellten Einheiten dividiert:

$$\text{Selbstkosten pro Stück} = \frac{\text{Gesamtkosten der Periode}}{\text{Produktionsmenge der Periode}}$$

Ein praktisches Beispiel: Ein Weingut produziert in einem Monat 10.000 Flaschen Wein. Die Gesamtkosten in diesem Monat (Trauben, Personal, Energie, Abschreibungen etc.) betragen 50.000 Euro. Die Selbstkosten pro Flasche betragen dann:

$$\text{Selbstkosten} = \frac{50.000\ \text{Euro}}{10.000\ \text{Flaschen}} = 5\ \text{Euro pro Flasche}$$

Zweistufige Divisionskalkulation

Die zweistufige Divisionskalkulation bietet sich als Verfahren zur Kostenträgerstückrechnung an, wenn zwischen der Herstellung und dem Absatz eines Produktes eine Lagerstufe existiert und damit Bestandsveränderungen auftreten können. In diesem Fall müssen die Herstellkosten und die Verwaltungs- beziehungsweise Vertriebskosten getrennt verrechnet werden.

Im ersten Schritt werden die **Herstellkosten** (und damit die Summe aller Material- und Fertigungskosten) durch die Produktionsmenge dividiert, um die Herstellkosten pro Stück zu ermitteln. Danach werden im zweiten Schritt die **Verwaltungs- und Vertriebskosten** durch die Absatzmenge (verkaufte Menge) dividiert. Die Formeln zur Berechnung lauten:

$$\text{Herstellkosten pro Stück} = \frac{\text{Gesamtherstellkosten}}{\text{Produktionsmenge}}$$

$$\text{Verwaltungs} - \text{und Vertriebskosten pro Stück} = \frac{\text{Verwaltungs} - \text{und Vertriebskosten}}{\text{Absatzmenge}}$$

$$\text{Selbstkosten pro verkauftem Stück} = \text{Herstellkosten pro Stück} + \text{Verwaltungs} - \text{und Vertriebskosten pro Stück}$$

Ein Beispiel: Ein Weingut produziert in einem Monat 10.000 Flaschen Wein, von denen 8000 Flaschen verkauft werden. Die Gesamtkosten in diesem Monat (Trauben, Personal, Energie, Abschreibungen etc.) betragen 40.000 Euro, wovon 8000 Euro auf Verwaltung- und Vertrieb entfallen. Die Selbstkosten pro Flasche betragen dann:

$$\text{Herstellkosten} = \frac{32.000\ \text{Euro}}{10.000\ \text{Flaschen}} = 3{,}20\ \text{Euro je Flasche}$$

$$\text{Verwaltungs- und Vertriebskosten} = \frac{8000\ \text{Euro}}{8000\ \text{Flaschen}} = 1\ \text{Euro je Flasche}$$

$$\text{Selbstkosten pro verkaufter Flasche} = 3{,}20\ \text{Euro} + 1\ \text{Euro} = 4{,}20\ \text{Euro}$$

Mehrstufige Divisionskalkulation

Die mehrstufige Divisionskalkulation wird immer dann angewendet, wenn ein einziges Produkt mehrere aufeinanderfolgende Fertigungsstufen durchläuft und auf den einzelnen Stufen Zwischenlager (mit möglichen Bestandsveränderungen) vorhanden sind. Dies ist beispielsweise bei der Herstellung von Möbeln, Autos oder anderen komplexeren Produkten der Fall. In dieser Situation funktioniert das Kalkulationsverfahren stufenweise: Die Herstellkosten jeder Fertigungsstufe werden durch die Produktionsmenge dieser Stufe dividiert. Die Kosten der vorherigen Stufe werden dann als Materialkosten in die nächste Stufe übernommen. Am Ende wird das Produkt mit den kumulierten Kosten aller Stufen bewertet.

Die Äquivalenzziffernkalkulation

Die Äquivalenzziffernkalkulation stellt eine Weiterentwicklung der Divisionskalkulation dar. Sie lässt sich sinnvoll anwenden, wenn ein Unternehmen **mehrere artgleiche (oder ähnliche) Produkte** in Massenproduktion herstellt. Sie eignet sich besonders für die Sortenfertigung, etwa für die Herstellung verschiedener Getränkesorten oder Flaschengrößen. Das zentrale Konzept der Äquivalenzziffernkalkulation besteht darin, dass zwischen den verschiedenen Produktarten ein **festes Kostenverhältnis** besteht. Dies wird durch sogenannte **Äquivalenzziffern** (auch Verhältniszahlen genannt) ausgedrückt.

Zur Anwendung der Äquivalenzziffernkalkulation wird zunächst eine **Einheitssorte** oder **Referenzsorte** festgelegt – typischerweise das meistproduzierte Produkt. Diese Einheitssorte erhält die Äquivalenzziffer 1. Alle anderen Produkte erhalten dann Äquivalenzziffern, die ihr Kostenverhältnis zur Einheitssorte ausdrücken. Das folgende Beispiel verdeutlicht dies: Eine Brauerei produziert Bier in verschiedenen Flaschengrößen:

- 0,25 L Flasche (Einheitssorte): Äquivalenzziffer 1
- 0,33 L Flasche: Äquivalenzziffer 1,4 (da sie 1,4-mal so aufwendig in der Herstellung ist)
- 0,5 L Flasche: Äquivalenzziffer 1,8 (da sie 1,8-mal so aufwendig ist)

Die Äquivalenzziffern werden durch Fachkenntnisse oder durch die Analyse historischer Kostendaten ermittelt.

Den nächsten Schritt des recht selten genutzten Kalkulationsverfahrens bildet die Umrechnung der tatsächlichen Produktionsmengen in die sogenannten **Äquivalenzmengen**. Dies bedeutet, dass alle produzierten Mengen mit ihrer jeweiligen Äquivalenzziffer multipliziert und zur Gesamtäquivalenzmenge summiert werden. Die Formel zu diesem Rechenschritt lautet:

$$\text{Gesamtäquivalenzmenge} = \sum\left(\text{Produktionsmenge}_i \times \text{Äquivalenzziffer}_i\right)$$

Danach werden die Gesamtkosten durch die Gesamtäquivalenzmenge dividiert, um die **Kosten pro Äquivalenzeinheit** zu erhalten:

$$\text{Kosten pro Äquivalenzeinheit} = \frac{\text{Gesamtkosten}}{\text{Gesamtäquivalenzmenge}}$$

Schließlich lassen sich die Kosten für jedes Produkt ermitteln, indem die Kosten pro Äquivalenzeinheit mit der jeweiligen Äquivalenzziffer multipliziert werden:

$$\text{Selbstkosten pro Stück}_i = \text{Kosten pro Äquivalenzeinheit} \cdot \text{Äquivalenzziffer}_i$$

Betrachten Sie dazu ein konkretes Beispiel: Ein Unternehmen produziert folgende Mengen eines Produktes in 3 unterschiedlichen Größen I, II und III.

- 100 Stück Größe I (Äquivalenzziffer 1)
- 50 Stück Größe II (Äquivalenzziffer 1,6)
- 20 Stück Größe III (Äquivalenzziffer 3)

Die Gesamtkosten betragen 12.000 Euro.

Die Gesamtäquivalenzmenge berechnet sich wie folgt:

$$\text{Gesamtäquivalenzmenge} = (100 \cdot 1) + (50 \cdot 1{,}6) + (20 \cdot 3) = 100 + 80 + 60 = 240 \text{ Stück}$$

Die Kosten pro Äquivalenzeinheit betragen somit:

$$\text{Kosten pro Äquivalenzeinheit} = \frac{12.000\ \text{Euro}}{240\ \text{Einheiten}} = 50\ \text{Euro pro Stück}$$

Die Selbstkosten pro Stück sind dann:

- Größe I: $50\ \text{Euro / Stück} \cdot 1 = 50\ \text{Euro / Stück}$
- Größe II: $50\ \text{Euro / Stück} \cdot 1{,}6 = 80\ \text{Euro / Stück}$
- Größe III: $50\ \text{Euro / Stück} \cdot 3 = 150\ \text{Euro / Stück}$

Die Kuppelkalkulation

Die Kuppelkalkulation stellt einen Spezialfall der Kostenträgerstückrechnung dar, die genau dann anzuwenden ist, wenn bei der Produktion **zwangsläufig mehrere Produkte gemeinsam entstehen** – sogenannte Kuppelprodukte. Typische Beispiele sind die Gewinnung von Butter und Buttermilch aus Milch, die Produktion von Fleisch und Knochen beim Schlachten von Tieren oder die Erzeugung von Kirschen und Kirschkernen zur Herstellung von Kirschkonserven.

Bei Kuppelprodukten ist es unmöglich, die Kosten der gemeinsamen Produktion eindeutig auf die einzelnen Produkte zu verteilen, da die Produkte technisch nicht zu separieren sind, bevor der Kuppelproduktionsprozess stattgefunden hat. Dies stellt die klassische Kostenrechnung vor ein Problem. Zur Lösung des Problems existieren verschiedene Ansätze:

- Eine Möglichkeit besteht darin, die Gesamtkosten nach der Produktionsmenge (in Mengeneinheiten) auf die Kuppelprodukte zu verteilen.
- Alternativ werden die Kosten entsprechend ihres Marktwertes oder des Verkaufspreises der Kuppelprodukte verteilt. Ein Produkt mit höherem Verkaufspreis trägt damit auch einen größeren Anteil der Kuppelprozesskosten.
- Bei einigen Produkten können auch physikalische Eigenschaften wie das Gewicht, das Volumen oder der Energiegehalt als Umlagebasis der Kuppelprozesskosten verwendet werden.

Betrachten Sie dazu das folgende Beispiel: Ein obstverarbeitender Betrieb kauft Kirschen für 3000 Euro. Für das Entkernen entstehen zusätzliche Kosten in Höhe von 500 Euro. Beim Entkernen entstehen zwei Produkte: entkernte Kirschen (900 kg) und Kirschkerne (100 kg).

Bei Umlage der Kuppelprozesskosten (von 3500 Euro) nach den Produktmengen ergibt sich:

- Entkernte Kirschen: 3500 Euro · (900 kg/1000 kg) = 3150 Euro
- Kirschkerne: 3500 Euro · (100 kg/1000 kg) = 350 Euro

Bei der Umlage der Kuppelprozesskosten nach dem Marktwert (Entkernte Kirschen: 5 Euro/kg, Kirschen: 0,5 Euro/kg) der einzelnen Produkte erhält man:

- Kirschenmarktwert: 900 kg · 5 Euro je kg = 4500 Euro
- Kirschkernmarktwert: 100 kg · 0,5 Euro je kg = 50 Euro
- Gesamtmarktwert: 4550 Euro
- Entkernte Kirschen: 3500 Euro · (4500/4550) = 3.461,54 Euro
- Kirschkerne: 3500 Euro · (50/4.550) = 38,46 Euro

Alternativ werden die Kuppelprodukte in Hauptprodukte und Nebenprodukte unterschieden, um die sogenannte **Restwertmethode** anwenden zu können. In diesem Fall müssen die Nebenprodukte genauso viele Kosten des Kuppelprozesses tragen, wie sie nach Berücksichtigung eventueller Weiterverarbeitungskosten beim Verkauf erlösen werden. Der Gewinn bzw. Verlust der Nebenprodukte wird somit auf den Wert 0 festgelegt. Alle restlichen Kuppelprozesskosten verbleiben dann bei den Hauptprodukten. Betrachten Sie dazu noch einmal das obige Beispiel. Die ursprünglichen Kuppelprozesskosten betragen 3500 Euro. Lassen sich mit den Kirschkernen (Nebenprodukt) bei Weiterverarbeitungskosten von 20 Euro genau 50 Euro Ertrag erzielen, dann entfallen von den Kuppelprozesskosten 30 Euro auf die Kirschkerne, sodass noch 3470 Euro bei den entkernten Kirschen verbleiben. Damit folgt die Restwertmethode der Idee der Marktwertmethode unter Berücksichtigung zusätzlicher Weiterverarbeitungskosten des Nebenproduktes.

Die Zuschlagskalkulation

Als das vielseitigste Kalkulationsverfahren bietet sich die Zuschlagskalkulation als Verfahren der Kostenträgerstückrechnung an, wenn ein Unternehmen eine heterogene Produktpalette mit verschiedenen Fertigungsabläufen aufweist. Sie ist die am häufigsten genutzte Methode in der Praxis, insbesondere in der Industrie.

Die Zuschlagskalkulation basiert auf der Idee, dass sich die Einzelkosten direkt den Produkten zuordnen lassen, wohingegen die Gemeinkosten mithilfe von **Zuschlagssätzen** auf die Kostenträger zu verteilen sind. Ein Zuschlagssatz drückt dabei aus, in welchem Verhältnis die jeweiligen Gemeinkosten zu einer bestimmten Bezugsgröße stehen. Er wird im Rahmen der Kostenstellenrechnung ermittelt.

Die allgemeine Struktur einer Zuschlagskalkulation lautet:

$$\begin{aligned}\text{Herstellkosten} = {} & \text{Materialeinzelkosten} + \text{Materialgemeinkosten} + \\ & \text{Fertigungseinzelkosten} + \text{Fertigungsgemeinkosten} + \\ & \text{Sondereinzelkosten der Fertigung}\end{aligned}$$

$$\begin{aligned}\text{Selbstkosten} = {} & \text{Herstellkosten} + \text{Verwaltungsgemeinkosten} + \\ & \text{Vertriebsgemeinkosten} + \text{Sondereinzelkosten des Vertriebs}\end{aligned}$$

Einstufige Zuschlagskalkulation

Die seltene einstufige (summarische, kumulative) Zuschlagskalkulation stellt die einfachste Variante des Verfahrens dar. Sie wird genutzt, wenn ein Unternehmen nur geringe Gemeinkosten (als Anteil an den Gesamtkosten) aufweist. Eine detaillierte Kostenstellenrechnung ist dann nicht erforderlich. In diesem Fall werden alle Gemeinkosten einer Periode durch alle Einzelkosten der Periode dividiert und mit 100 multipliziert, um einen Gesamtzuschlagssatz zu erhalten:

$$\text{Zuschlagssatz}\left(\text{in}\%\right) = \frac{\text{Gesamtgemeinkosten}}{\text{Gesamteinzelkosten}} \times 100$$

Betrachten Sie dazu ein praktisches Beispiel:

Ein Unternehmen hat in einer Periode Gemeinkosten in Höhe von 100.000 Euro bei Einzelkosten in Höhe von 500.000 Euro. Der Zuschlagssatz beträgt dann:

$$\text{Zuschlagssatz} = \frac{100.000\ \text{Euro}}{500.000\ \text{Euro}} \cdot 100 = 20\%$$

Für ein Produkt mit 5 Euro Einzelkosten pro Stück beträgt der Gemeinkostenzuschlag demnach 1 Euro pro Stück (20 % von 5 Euro) bei Selbstkosten von 6 Euro pro Stück.

Mehrstufige (differenzierte) Zuschlagskalkulation

Die häufig genutzte mehrstufige Zuschlagskalkulation ist anzuwenden, wenn ein Unternehmen verschiedene Kostenstellenbereiche mit unterschiedlichen Kostenstrukturen aufweist. Sie ist deutlich präziser als die einstufige Variante, da sie den tatsächlichen Kostenverursachungen eher gerecht wird. Bei der mehrstufigen Zuschlagskalkulation sind unterschiedliche Zuschlagssätze für verschiedene Kostenarten zu berechnen. Typischerweise werden folgende Sätze unterschieden:

- Materialgemeinkosten-Zuschlagssatz (MGK-Zuschlag): Bezug zu den Materialeinzelkosten
- Fertigungsgemeinkosten-Zuschlag (FGK-Zuschlag): Bezug zu den Fertigungseinzelkosten oder den Fertigungsstunden als Lohnstunden oder Maschinenstunden
- Verwaltungsgemeinkosten-Zuschlag (VwGK-Zuschlag): Bezug zu den Herstellkosten
- Vertriebsgemeinkosten-Zuschlag (VtGK-Zuschlag): Bezug zu den Herstellkosten

Die Lohnzuschlagskalkulation

Die Lohnzuschlagskalkulation stellt eine spezialisierte Form der mehrstufigen Zuschlagskalkulation dar, die besonders in Handwerksbetrieben und in den lohnintensiven Industrien verbreitet ist. Sie differenziert die Gemeinkosten in materialabhängige und fertigungszeitabhängige Teile. Das Berechnungsverfahren der Lohnzuschlagskalkulation folgt dem nachstehenden Schema:

1. Zunächst werden die Materialeinzelkosten erfasst.
2. Dann sind die Materialgemeinkosten als prozentualer Zuschlag auf die Materialeinzelkosten zu berechnen.
3. Im nächsten Schritt werden die Fertigungseinzelkosten (vor allem in Form von Fertigungslöhnen) erfasst.
4. Danach sind die Fertigungsgemeinkosten als Stundensatz zu berechnen.
5. Schließlich werden die Verwaltungs- und Vertriebsgemeinkosten auf die Herstellkosten verrechnet.

Betrachten Sie auch dazu ein praktisches Beispiel (die jeweiligen Kalkulationssätze für die Zuschläge stellen die Ergebnisse der Kostenstellenrechnung dar):
Für einen Kundenauftrag liegen folgende Kosten vor:

- Materialeinzelkosten: 50 Euro
- Materialgemeinkostenzuschlag (20 %): 10 Euro
- Fertigungseinzelkosten (Löhne) für 2 Arbeitsstunden: 80 Euro
- Fertigungsgemeinkostenzuschlag: 37,5 % der Fertigungseinzelkosten: 60 Euro

- Daraus ergeben sich Herstellkosten von: 200 Euro
- Verwaltungs- und Vertriebsgemeinkostenzuschlag (15 % auf die Herstellkosten): 30 Euro

Die Selbstkosten des Auftrags betragen somit: 200 + 30 = 230 Euro

Die Maschinenstundensatzrechnung

Die Maschinenstundensatzrechnung ist eine alternative Form der Zuschlagskalkulation, die sich insbesondere für Unternehmen eignet, deren Produkte größtenteils maschinell hergestellt werden. Sie ist damit eine Spezialisierung der Zuschlagskalkulation, bei der nicht die Fertigungslöhne, sondern die **Maschinenzeiten** als Bezugsgröße für die Fertigungsgemeinkosten zu verwenden sind.

Diese Berechnungsweise folgt der Idee, dass in den modernen Produktionsumgebungen nicht die Arbeitszeit, sondern die Maschinenzeit der wesentliche Kostentreiber bildet. In diesem Fall wäre die Lohnzuschlagskalkulation nicht sachgerecht anzuwenden.

Der Maschinenstundensatz wird berechnet, indem die maschinenabhängigen Kosten (Fertigungsgemeinkosten) durch die geplanten Maschinenlaufstunden dividiert werden:

$$\text{Maschinenstundensatz}\left(\text{Euro / Std.}\right)=\frac{\text{Maschinenabhängige Kosten}\left(\text{Euro}\right)}{\text{Maschinenlaufzeit}\left(\text{Std.}\right)}$$

Zu den typischen maschinenabhängigen Kosten zählen vor allem die kalkulatorischen Abschreibungen, die kalkulatorischen Zinsen auf das in den Maschinen gebundene Kapital, die Raumkosten (bspw. die Miete) für den Maschinenstandort, die Wartungs- und Reparaturkosten der Maschinen sowie die Energiekosten für den Stromverbrauch der Maschine. Betrachten Sie dazu das folgende einfache Beispiel. Gegeben sei eine Produktionsmaschine mit folgenden Daten:

- Anschaffungskosten: 200.000 Euro
- Geplante Nutzungsdauer: 8 Jahre
- Jährliche Wartungskosten: 20.000 Euro
- Raumkosten: 5000 Euro pro Jahr
- Kalkulatorische Zinsen: 10.000 Euro pro Jahr
- Jährliche Betriebsstunden: 1.500 h
- Stromkosten: 10 Euro pro Stunde

Die kalkulatorische (lineare) Abschreibung beträgt in diesem Fall:

$$\text{Abschreibung} = \frac{200.000 \text{ Euro}}{8 \text{ Jahre}} = 25.000 \text{ Euro pro Jahr}$$

Die gesamten Fixkosten pro Jahr betragen:

$$\text{Fixkosten} = 25.000 + 20.000 + 5.000 + 10.000 = 60.000 \text{ Euro}$$

Die variablen Kosten pro Jahr (für den Stromverbrauch) betragen:

$$\text{Variable Kosten} = 10 \text{ Euro / h} \times 1500 \text{ h} = 15.000 \text{ Euro}$$

Der Maschinenstundensatz beträgt schließlich:

$$\text{Maschinenstundensatz} = \frac{60.000 + 15.000}{1500} = \frac{75.000}{1500} = 50 \text{ Euro pro Stunde}$$

Bei der Kalkulation wird dann der Maschinenstundensatz mit der tatsächlichen Bearbeitungszeit des Produkts auf der Maschine multipliziert:

$$\text{Maschinenkosten für ein Produkt} = \text{Maschinenstundensatz} \cdot \text{Bearbeitungszeit des Produkts} \left(\text{in Std.}\right)$$

Wenn eine Produkteinheit zur Fertigung bspw. 2 h auf der Maschine benötigt, dann betragen die zurechenbaren Maschinenstundensatzkosten:

$$\text{Maschinenkosten} = 50 \text{ Euro / h} \cdot 2 \text{ h} = 100 \text{ Euro je Produkteinheit}$$

Mit der Kostenträgerrechnung schließt das dreistufige Kostenrechnungssystem, bestehend aus der Kostenartenrechnung, der Kostenstellenrechnung und eben der Kostenträgerrechnung, ab. Ein solches System unterstützt die kostenorientierte Preiskalkulation für die betrieblichen Leistungen. Doch in den Unternehmen gibt es auch wirtschaftliche Fragestellungen, die sich nicht mithilfe dieses dreistufigen Systems beantworten lassen, sondern besondere Kostenanalysen erforderlich machen. Eine Methode einer solchen besonderen Analyse stellt die Deckungsbeitragsrechnung dar, die im folgenden Kapitel erläutert wird.

Deckungsbeitragsrechnung 6

Die Teilkostenrechnung in Form der Deckungsbeitragsrechnung ist ein Instrument des modernen Controllings und unterscheidet sich grundlegend von der in den vorherigen Kapiteln besprochenen Vollkostenrechnung. Während die Vollkostenrechnung alle Kosten (sowohl variable als auch fixe Kosten) auf die Kostenträger verrechnet, berücksichtigt die Teilkostenrechnung (zunächst) nur die **variablen Kosten** als direkt einem Kostenträger zurechenbar. Fixkosten werden nicht auf einzelne Kostenträger verteilt, sondern (zunächst) als Gesamtblock bei der Ermittlung des Gewinns berücksichtigt. Dies macht die Deckungsbeitragsrechnung zu einem wertvollen Steuerungsinstrument, das betriebliche Entscheidungen zur Produktprogrammgestaltung, zur Preisbildung und zur Rentabilitätsanalyse transparent und nachvollziehbar macht.

Grundlagen der Teilkostenrechnung

Die Teilkostenrechnung basiert auf der strikten Trennung von **variablen Kosten** und **Fixkosten.** Diese Unterscheidung ist nicht neu – sie wurde bereits zuvor erläutert – erhält aber in der Teilkostenrechnung eine zentrale Bedeutung für die Kostenrechnung und das Controlling.

Variable Kosten sind alle Kosten, die (oftmals proportional) mit der Produktionsmenge ansteigen. Beispiele sind die Kosten für den Rohstoffverbrauch, Verpackungsmaterialkosten, Transportkosten und Akkordlöhne. Wenn ein Produkt nicht produziert wird, entstehen auch keine variablen Kosten für dieses Produkt.

S. Georg, *Einfach nur Kostenrechnung*, essentials,
https://doi.org/10.1007/978-3-658-53113-3_6

Die **Fixkosten** hingegen fallen unabhängig von der Produktionsmenge (auch als Beschäftigung bezeichnet) an und bleiben oftmals sogar in ihrer Höhe über eine Abrechnungsperiode konstant. Die Miete, die gezahlten Gehälter, die kalkulatorische Abschreibungen auf Anlagen und die Versicherungsprämien stellen typische Fixkosten dar. Diese Kosten entstehen auch dann, wenn überhaupt nicht produziert wird, weshalb sie manchmal auch als **Bereitschaftskosten** bezeichnet werden.

Als typisches Beispiel für eine Teilkostenrechnung gilt das Konzept der **Deckungsbeitragsrechnung.** Als Deckungsbeitrag bezeichnet man (zumindest bei der einstufigen Deckungsbeitragsrechnung) das Ergebnis, das nach Abzug der variablen Kosten vom Umsatz verbleibt. Damit stellt er dar, welchen Beitrag ein Produkt zur Deckung der fixen Kosten bzw. zur Erwirtschaftung eines Gewinns leistet.

Die Deckungsbeitragsrechnung: Konzept und Berechnung

Der **Stückdeckungsbeitrag** berechnet sich als die Differenz zwischen dem Verkaufspreis eines Produkts und seinen variablen Stückkosten:

$$\text{Stückdeckungsbeitrag} = \text{Verkaufspreis} - \text{variable Stückkosten}$$

Damit zeigt der Stückdeckungsbeitrag, wie viele Geldeinheiten (bspw. Euro) jedes verkaufte Stück zur Deckung der Fixkosten und zum Gewinn beiträgt. Ein hoher Stückdeckungsbeitrag wird in der Regel dahingehend interpretiert, dass das Produkt einen signifikanten Anteil an der Gesamtkostendeckung hat. Betrachten Sie dazu das folgende einfache Beispiel: Ein Textilunternehmen produziert Strümpfe. Der Verkaufspreis pro Paar beträgt 4 Euro, die variablen Kosten pro Paar betragen 1,50 Euro:

$$\text{Stückdeckungsbeitrag} = 4\ \text{Euro pro Paar} - 1{,}50\ \text{Euro Paar} = 2{,}50\ \text{Euro pro Paar}$$

Jedes verkaufte Paar trägt also 2,50 Euro zur Deckung der Fixkosten bei.

Der **Gesamtdeckungsbeitrag** einer Produktart ist das Produkt aus Stückdeckungsbeitrag und verkaufter Menge – oder alternativ im Falle der Proportionalität der variablen Kosten zur Menge die Differenz aus dem Umsatz und den gesamten variablen Kosten:

Gesamtdeckungsbeitrag = Umsatz – variable Kosten

Der Gesamtdeckungsbcitrag einer Produktart zeigt also auf, wie viele Geldeinheiten eine Produktart zur Deckung der Fixkosten bzw. zur Erwirtschaftung von Gewinn beiträgt.

Das **Betriebsergebnis** wird ermittelt, indem man von der Summe der Deckungsbeiträge aller Produktarten die Fixkosten subtrahiert:

Betriebsergebnis = Summe der Deckungsbeiträge aller Produktarten – Fixkosten

Schauen Sie sich dazu das folgende Beispiel zur Veranschaulichung an: Eine Bäckerei verkauft als einzige Produktart 100 Brote für je 4,50 Euro, woraus sich ein Umsatz von 450 Euro errechnen lässt. Die variablen Kosten (Rohstoffe) betragen 100 Euro. Der Gesamtdeckungsbeitrag liegt also bei 350 Euro. Nehmen wir außerdem an, die Fixkosten seien 270 Euro im Betrachtungszeitraum.

Betriebsergebnis = 350 Euro – 270 Euro = 80 Euro Gewinn

Mehrstufige Deckungsbeitragsrechnung

In größeren Unternehmen mit differenzierter Kostenstellenstruktur wird häufig die **mehrstufige Deckungsbeitragsrechnung** angewendet. Dabei werden die Fixkosten nun nicht mehr als einheitlicher Block behandelt, sondern sie werden nach ihrer Verursachung differenziert schrittweise verrechnet. Ein typisches Schema zur mehrstufigen Deckungsbeitragsrechnung könnte wie folgt aussehen:

1. Deckungsbeitrag I = Umsatz – variable Kosten
2. Deckungsbeitrag II = Deckungsbeitrag I – produktspezifische Fixkosten (z. B. für spezifische Werbung oder spezifisch genutzte Werkzeuge)
3. Deckungsbeitrag III = Deckungsbeitrag II – produktgruppenspezifische Fixkosten (bspw. für technische Anlagen oder das Produktgruppenmanagement)

Diese stufenweise Auflösung der Fixkosten macht transparent, auf welcher Ebene Profitabilität entsteht oder verloren geht. Zudem ergeben sich Deckungsbeiträge, die neben den variablen Kosten auch bereits Teile der Fixkosten verrechnen. Betrachten Sie dazu das folgende Beispiel:

Ein Unternehmen produziert vier Produkte A, B, C und D, wobei die Produkte A und B die Produktgruppe L sowie C und D die Produktgruppe M bilden. Zu den vier Produkten sowie den Produktgruppen liegen folgende Informationen vor:

- Produkt A: Umsatz 4000 Euro, variable Kosten 1500 Euro, produktfixe Kosten (für die Patentnutzung) 500 Euro
- Produkt B: Umsatz 3000 Euro, variable Kosten 2200 Euro, produktfixe Kosten (für die Nutzung einer Spezialmaschine) 900 Euro
- Produkt C: Umsatz 4500 Euro, variable Kosten 1000 Euro, produktfixe Kosten (für die Bewerbung des Produktes) 500 Euro
- Produkt D: Umsatz 2600 Euro, variable Kosten 800 Euro, produktfixe Kosten (für die spezielle Lagerungstechnik) 300 Euro
- Produktgruppe L: gruppenfixe Kosten (Gehälter für das Produktgruppenmanagement) 900 Euro
- Produktgruppe M: gruppenfixe kosten (für Forschung und Entwicklung) 1300 Euro
- Betriebsfixe Kosten: alle anderen Fixkosten, die weder einer Produktart noch einer Produktgruppe verursachungsgerecht zurechenbar sind: 1700 Euro

Daraus ergibt sich die folgende mehrstufige Deckungsbeitragsrechnung:

- Deckungsbeitrag I, Produkt A: 2500 Euro (Umsatz – variable Kosten)
- Deckungsbeitrag I, Produkt B: 800 Euro (Umsatz – variable Kosten)
- Deckungsbeitrag I, Produkt C: 3500 Euro (Umsatz – variable Kosten)
- Deckungsbeitrag I, Produkt D: 1800 Euro (Umsatz – variable Kosten)

- Deckungsbeitrag II, Produkt A: 2000 Euro (Deckungsbeitrag I – produktfixe Kosten)
- Deckungsbeitrag II, Produkt B: -100 Euro (Deckungsbeitrag I – produktfixe Kosten)
- Deckungsbeitrag II, Produkt C: 3000 Euro (Deckungsbeitrag I – produktfixe Kosten)
- Deckungsbeitrag II, Produkt D: 1500 Euro (Deckungsbeitrag I – produktfixe Kosten)

- Deckungsbeitrag III, Produktgruppe L: 1000 Euro (Deckungsbeitrag II von A + Deckungsbeitrag II von B – gruppenfixe Kosten)
- Deckungsbeitrag III, Produktgruppe M: 3200 Euro (Deckungsbeitrag II von C + Deckungsbeitrag II von D – gruppenfixe Kosten)

- Betriebsergebnis: 2500 Euro (Deckungsbeitrag III von L + Deckungsbeitrag III von M – betriebsfixe Kosten)

Lediglich der Deckungsbeitrag II von Produkt B ist negativ und zeigt einen dringenden Handlungsbedarf. Alle anderen Deckungsbeiträge sind positiv, das heißt alle anderen Kosten- und Erlösträger leisten einen Beitrag zum Ausgleich der noch nicht verrechneten Fixkosten und zur Erzielung des positiven Betriebsergebnisses.

Die Break-Even-Analyse

Die Break-Even-Analyse (auch Gewinnschwellenanalyse) wird häufig von Unternehmen für Investitionsentscheidungen genutzt. Sie beantwortet die Frage: Bei welcher Menge eines Produktes sind die Erlöse und Kosten genau gleich hoch, sodass weder ein Gewinn noch ein Verlust entsteht?

Der **Break-Even-Point** (die **Gewinnschwelle**) ist erreicht, wenn der Umsatz den Gesamtkosten bzw. der Gesamtdeckungsbeitrag genau den Fixkosten entspricht, also:

$$\text{Umsatz} = \text{Gesamtkosten} = \text{variable Kosten} + \text{fixe Kosten}$$

oder umgestellt:

$$\text{Umsatz} - \text{variable Kosten} = \text{fixe Kosten bzw}$$

$$(\text{Preis} - \text{variable Stückosten}) \cdot \text{Menge} = \text{fixe Kosten}$$

Die Formel zur Berechnung der Break-Even-Menge lautet damit (im Ein-Produkt-Fall):

$$\text{Break} - \text{Even} - \text{Menge} = \frac{\text{fixe Kosten}}{(\text{Preis} - \text{variable Stückkosten})} = \frac{\text{fixe Kosten}}{\text{Stückdeckungsbeitrag}}$$

Diese Formel zeigt Ihnen unmittelbar: Je höher die Fixkosten sind, desto mehr Einheiten eines Produktes müssen verkauft werden, um den Break-Even-Punkt zu erreichen. Je höher der Stückdeckungsbeitrag ist, desto weniger Produkteinheiten sind dazu erforderlich. Betrachten Sie auch dazu ein kleines Beispiel:

Das bereits erwähnte Textilunternehmen mit Strümpfen weist neben dem Stückdeckungsbeitrag von 2,50 Euro pro Paar Fixkosten von 500 Euro aus. Demnach ergibt sich für die Gewinnschwelle:

$$\text{Break} - \text{Even} - \text{Menge} = \frac{500\ \text{Euro}}{2{,}50\ \text{Euro pro Paar}} = 200\ \text{Paar}$$

Das Unternehmen muss also mindestens 200 Paar Strümpfe verkaufen, um die Fixkosten zu decken. Ab dem 201. Paar erzielt das Unternehmen einen Gewinn.

Neben der Break-Even-Menge kann auch der **Break-Even-Umsatz** berechnet werden – also der Umsatz in Euro, ab dem das Geschäft einen Gewinn abwirft:

$$\text{Break} - \text{Even} - \text{Umsatz} = \frac{\text{Fixkosten}}{\text{Deckungsbeitragsquote}}$$

Die **Deckungsbeitragsquote** ist dabei der Stückdeckungsbeitrag dividiert durch den Verkaufspreis (bzw. der Quotient aus dem Gesamtdeckungsbeitrag zum Gesamtumsatz):

$$\text{Deckungsbeitragsquote} = \frac{\text{Stückdeckungsbeitrag}}{\text{Verkaufspreis}}$$

Im bereits bekannten Strumpf-Beispiel gilt: Die Deckungsbeitragsquote beträgt 2,50 Euro/4 Euro = 0,625 oder 62,5 %. Der Break-Even-Umsatz ist demnach:

$$\text{Break} - \text{Even} - \text{Umsatz} = \frac{500\ \text{Euro}}{0{,}625} = 800\ \text{Euro}$$

Das Unternehmen muss also Strümpfe im Wert von mindestens 800 Euro verkaufen, um die Gewinnschwelle zu erreichen.

Sicherheitsmarge und Sicherheitskoeffizient

Einen wichtigen Indikator in der Break-Even-Analyse stellt auch die **Sicherheitsmarge (der Sicherheitskoeffizient)** dar. Sie Sicherheitsmarge gibt an, um wieviel Prozent der aktuelle oder geplante Umsatz über dem Break-Even-Umsatz liegt:

$$\text{Sicherheitskoeffizient} = \frac{\text{Ist} - \text{Menge} - \text{Break} - \text{Even} - \text{Menge}}{\text{Ist} - \text{Menge}}$$
$$= \frac{\text{Ist} - \text{Umsatz} - \text{Break} - \text{Even} - \text{Umsatz}}{\text{Ist} - \text{Umsatz}}$$

Wenn das Strumpfunternehmen plant, 300 Paar Strümpfe zu verkaufen (bei einer Break-Even-Menge von 200 Paar), dann liegt die Sicherheitsmarge bei:

$$\text{Sicherheitskoeffizient} = \frac{300 - 200}{300} = \frac{100}{300} = 0{,}333 = 33{,}3\%$$

Das Unternehmen könnte also seine Verkaufsmenge um 33,3 % senken, ohne in die Verlustzone zu rutschen.

Kurzfristige Preisuntergrenzen und Mindestpreise

Einen weiteren Nutzen bietet die Teilkostenrechnung, wenn **kurzfristige Mindestpreise bzw. Preisuntergrenzen** zu bestimmen sind. Diese sind wichtig für kurzfristige Entscheidungen, wie etwa die Annahme oder die Ablehnung von Spezial- oder Zusatzaufträgen zu reduzierten Preisen.

Die kurzfristige Preisuntergrenze entspricht den variablen Kosten pro Stück. Unterhalb dieses Preises erzielt das Unternehmen mit jedem verkauften Stück einen Beitragsverlust – das heißt, das Produkt deckt nicht einmal die direkten Kosten, die mit der Erstellung einer weiteren Produkteinheit verbunden sind. Solche Verkäufe sind deshalb grundsätzlich nicht zu empfehlen. Allerdings kann es in der Praxis auch Situationen geben, in denen kurzfristige Verkäufe zu variablen Kosten oder nur geringfügig darüber vertretbar sind. Dies ist beispielsweise der Fall, wenn

- kurzfristig Überkapazitäten vorhanden sind,
- neue Märkte erschlossen und dies mit niedrigen Produktpreisen erleichtert werden sollen,
- die Konkurrenzpreise unerwartet sinken oder
- bestehende Kundenbeziehungen erhalten werden sollen.

In den genannten Fällen ist eine kurzfristige Annahme von Aufträgen auch knapp oberhalb der variablen Kosten ökonomisch sinnvoll. Denn jeder Euro über den variablen Kosten und damit ein **positiver Stück-Deckungsbeitrag** trägt zur Verbesserung der Gewinnsituation bei. Jedoch sollte langfristig die Preisgrenze eingehalten werden, die alle relevanten Kosten – also die variablen und die fixen Kosten – berücksichtigt. Dies führt zur klassischen Kalkulation, die in den Kapiteln zur Vollkostenrechnung behandelt wurde.

Engpassoptimierung mithilfe von Deckungsbeiträgen

Abschließend soll als letzter Anwendungsfall der Deckungsbeitragsrechnung die Optimierung des Produktionsprogramms bei knappen Kapazitäten (Engpässen) betrachtet werden.

Ein Engpass liegt genau dann vor, wenn eine bestimmte Ressource (bspw. eine Maschine, eine Arbeitskraft oder das benötigte Material) nicht in ausreichender Menge (hinsichtlich der nachgefragten Kapazität) vorhanden ist und die Gesamtproduktion begrenzt. In dieser Situation genügt der absolute Deckungsbeitrag nicht, um gute Produktionsentscheidungen zu treffen.

Der **relative Deckungsbeitrag** (auch als spezifischer Deckungsbeitrag bezeichnet) setzt den Stückdeckungsbeitrag in Beziehung zum Engpassfaktor – etwa zur Maschinenzeit, die ein Produkt beansprucht:

$$\text{Relativer Deckungsbeitrag} = \frac{\text{Stückdeckungsbeitrag}}{\text{Engpassbeanspruchung pro Stück}}$$

Der relative Deckungsbeitrag gibt dabei an, welcher Deckungsbeitrag je Einheit der knappen Ressource erzielt wird. Dann sollten die Produkte mit einem höheren relativen Deckungsbeitrag bevorzugt werden. Um diese Situation zu veranschaulichen, betrachten Sie das folgende Beispiel:

Ein Fertigungsbetrieb produziert zwei Produkte P und Q an derselben Maschine:

- Das Produkt P weist bei einem Stückpreis von 60 Euro je Stück und variablen Stückkosten von 30 Euro je Stück einen Stückdeckungsbeitrag von 30 Euro je Stück auf. Die Bearbeitungszeit beträgt 2 h je Stück; es können maximal 50 Stück verkauft werden.
- Das Produkt Q weist bei einem Stückpreis von 35 Euro je Stück und variablen Stückkosten von 15 Euro je Stück einen Stückdeckungsbeitrag von 20 Euro je Stück auf. Die Bearbeitungszeit beträgt 1 h je Stück; es können maximal 100 Stück verkauft werden.

Nehmen Sie außerdem an, dass die Maschine nur 150 h zur Verfügung steht.

Würde man die Programmentscheidung anhand des absoluten Deckungsbeitrags treffen, dann wäre Produkt P mit 30 Euro pro Stück attraktiver als Produkt Q. Der relative Deckungsbeitrag zeigt aber eine andere Reihenfolge:

- Produkt P: 30 Euro je Stück / 2 Stunden je Stück = 15 Euro pro Stunde
- Produkt Q: 20 Euro je Stück / 1 Stunde je Stück = 20 Euro pro Stunde

Also ist Produkt Q pro Stunde der knappen Maschinenkapazität rentabler als Produkt P und sollte demnach zur Erzielung des optimalen wirtschaftlichen Ergebnisses bevorzugt werden.

Letztlich folgt die Optimierungsstrategie einem Engpass dem folgenden Ansatz:

1. Die Produkte werden zunächst nach ihrem relativen Deckungsbeitrag von hoch nach niedrig sortiert.
2. Vom Produkt mit dem höchsten relativen Deckungsbeitrag wird so viel wie möglich produziert – begrenzt durch die Absatzhöchstmenge oder durch die verfügbare Engpasskapazität.
3. Mit der verbleibenden Engpasskapazität werden die nächstbesten Produkte hergestellt.

In unserem Beispiel mit maximal 150 Maschinenstunden erhalten wir:

1. Zuerst wird Produkt Q ausgewählt: 100 Stück × 1 Stunde je Stück = 100 Stunden. Von der ursprünglichen Kapazität verbleiben damit 50 h.
2. Dann ist Produkt P auszuwählen: 50 Stunden / 2 Stunden je Stück = 25 Stück

Der optimale Gesamtdeckungsbeitrag, der mit diesem Produktionsprogramm zu erzielen ist, beträgt demnach 2750 Euro, nämlich:

- Produkt P: 25 Stück × 30 Euro / Stück = 750 Euro
- Produkt Q: 100 Stück × 20 Euro / Stück = 2000 Euro

Hätte man stattdessen das Produktionsprogramm anhand des absoluten Deckungsbeitrags zusammengestellt und damit zuerst Produkt P eingeplant, wäre der Deckungsbeitrag niedriger gewesen.

Obenstehende Berechnungsweise funktioniert nur, wenn lediglich ein einziger Engpass vorliegt. Wenn mehrere Engpässe gleichzeitig existieren – etwa eine begrenzte Maschinenkapazität und begrenzte Arbeitszeit – dann wird die Optimierung komplexer. In solchen Fällen kann nur noch die **lineare Programmierung** (ein mathematisches Optimierungsverfahren) zu einer optimalen Lösung führen. Das Konzept der linearen Programmierung lässt sich auch für die obenstehende Beispielsituation nutzen:

Zunächst ist die Zielfunktion zu definieren, welche die Maximierung des anzustrebenden Deckungsbeitrags ausdrückt:

$$\text{Max!}\,DB = 30 \cdot p + 20 \cdot q$$

mit p = Produktionsmenge des Produkte P und q = Produktionsmenge des Produktes Q sowie den Werten 30 und 20 für die jeweiligen Stückdeckungsbeiträge (Preis – variable Stückkosten)

Danach sind die Nebenbedingungen zu formulieren, unter denen der Deckungsbeitrag zu maximieren ist:

Für die Absatzhöchstmengen ist zu beachten:

$$p\,''\;50$$

$$q\,''\;100$$

Für die Produktionsbeschränkung in Stunden in Abhängigkeit von den Produktionszeitbedarfen der beiden Produkte ist zu berücksichtigen:

$$2 \cdot p + 1 \cdot q \leq 150$$

Außerdem sind noch die Nichtnegativität der Produktionsmengen als Nebenbedingungen zu formulieren:

$$p \geq 0$$

$$q \geq 0$$

Die mathematische Lösung dieses Systems aus zu maximierender Zielfunktion unter Berücksichtigung der genannten Nebenbedingungen führt zu dem schon bekannten Ergebnis p = 25 Stück und q = 100 Stück.

7 Der Zusammenhang zwischen der Kostenrechnung und dem Controlling

Das unternehmerische Controlling unterstützt die Unternehmensführung bzw. das Management und trägt dabei zur Informationsversorgung, zur Planung, zur Steuerung und zur Kontrolle aller wesentlichen Unternehmensbereiche bei. Als typische Aufgaben des Controllings gelten beispielsweise

- die Planung von Zielen und Budgets (hinsichtlich des Umsatzes, der Kosten oder der Investitionen),
- die Durchführung von Soll-Ist-Vergleichen und Abweichungsanalysen sowie
- die Berechnung von Kennzahlen zur Berichterstattung an das Management und zur Entscheidungsunterstützung.

In der Praxis wird das Controlling oft als Kreislauf dargestellt: Auf die Planungsphase folgt zunächst das Messen von Ist-Daten, dann das Vergleichen der Ist-Daten mit den Plandaten in Verbindung mit einer Analyse der Abweichungsursachen, worauf Maßnahmen abgeleitet werden, die zu neuen Plansituationen führen. Kurz gesagt, das Controlling unterstützt dabei, dass das Unternehmen wirtschaftlich „auf Kurs" bleibt, und es steuert rechtzeitig dagegen, wenn die betrieblichen Ziele verfehlt werden sollten.

Als Kerninstrument des operativen Controllings lässt sich die Kostenrechnung interpretieren. Einerseits ermöglicht sie, die Kostenstrukturen des Unternehmens über das dreistufige Kostenrechnungssystem transparent abzubilden:

- Die Kostenartenrechnung beantwortet die Frage, welche Arten von Kosten anfallen (bspw. Materialkosten, Lohnkosten, Energiekosten usw.).

S. Georg, *Einfach nur Kostenrechnung*, essentials,
https://doi.org/10.1007/978-3-658-53113-3_7

Abb. 7.1 Kosteninformationen für das unternehmerische Controlling

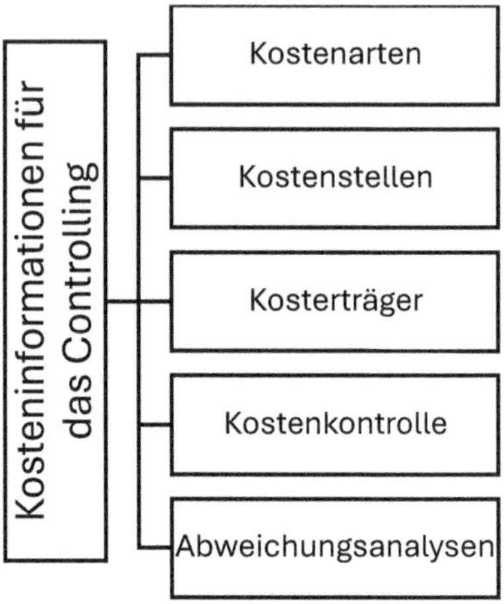

- Innerhalb der Kostenstellenrechnung wird deutlich, wo im Unternehmen die Kosten entstehen (bspw. in welchen Abteilungen oder Unternehmensbereichen).
- Letztlich zeigt die Kostenträgerrechnung, wofür die Kosten anfallen (also für welche Produkte, Aufträge oder Kunden).

Das dreiteilige System der Kostenrechnung wird um weitere Rechnungen zur Kostenkontrolle und Abweichungsanalyse ergänzt. Dazu gehören

- der Vergleich von vergangenheitsorientierten Ist-Kosten mit zukunftsorientierten Plankosten oder Budgets je Kostenstelle und Produkt sowie
- die Aufdeckung von Kostentreibern und Ineffizienzen im Unternehmen (z. B. bei kostenintensiven Unternehmensbereichen oder unrentablen Produkten).

Abb. 7.1 zeigt die einzelnen für das Controlling relevanten Kosteninformationen.

Zudem stellt die Kostenrechnung wichtige Daten als Entscheidungsgrundlage zur Verfügung:

So ermöglicht sie die Kalkulation von Selbstkosten und kostendeckenden Preisen, die Beurteilung der Wirtschaftlichkeit von einzelnen Aufträgen oder unterstützt die Bestimmung der Rentabilität von Make-or-Buy-Entscheidungen.

Teilkostenrechnungen wie die Deckungsbeitragsrechnungen helfen außerdem dabei, kurzfristige Entscheidungen herbeizuführen (z. B. die Annahme von Zusatzaufträgen oder die Gestaltung des Produktprogramms).

Damit lässt sich der Zusammenhang zwischen der Kostenrechnung und dem Controlling knapp so formulieren: Während das Controlling Fragen wie „Wo wollen wir hin?“, „Sind wir auf Kurs?“ oder „Wo müssen wir gegensteuern?“ stellt, liefert die Kostenrechnung einen wesentlichen Teil der Antwortdaten: „Wie hoch sind unsere Kosten?“, „Wo fallen die Kosten an?“ und „Welche Produkte bzw. Leistungen tragen wie zur Wirtschaftlichkeit bei?“. Zur Beantwortung dieser Fragen ist eine Ausrichtung der Kostenrechnung auf die Zukunft notwendig, wie sie die Plankostenrechnung bieten kann.

8 Plankostenrechnung

Grundsätzlich kann die Kostenrechnung auf Basis von Ist-Kosten, Normalkosten im Sinne von um Ausreißer bereinigte Ist-Kosten oder auf Basis von Plankosten erfolgen. Alle bisherigen Überlegungen in diesem Buch erwecken den Eindruck, dass man den Wert der verbrauchten Güter und Dienstleistungen exakt bestimmen kann. Dies trifft jedoch eher auf den gegenwärtigen oder vergangenen Werteverzehr und damit auf die Istkostenrechnung bzw. Normalkostenrechnung zu. Im Gegensatz zur Istkostenrechnung, welche die Kosten der Gegenwart bzw. der Vergangenheit dokumentiert, zielt die Plankostenrechnung darauf ab, zukünftige Kostenentwicklungen zu prognostizieren. Dies ermöglicht dann auch, Abweichungsanalysen durchzuführen, um rechtzeitig unerwünschten Kostenentwicklungen gegenzusteuern.

Grundlagen der Plankostenrechnung

Die Plankostenrechnung verfolgt zwei zentrale Ziele:

- Erstens ermöglicht sie die Kostenplanung und Budgetierung, indem für kommende Perioden Kostenbudgets für einzelne Kostenstellen ermittelt werden.
- Zweitens schafft sie die Voraussetzung für den Vergleich zwischen den Plankosten (oder Sollkosten) und den Ist-Kosten und damit für eine systematische Kostenkontrolle und Abweichungsanalyse.

S. Georg, *Einfach nur Kostenrechnung*, essentials,
https://doi.org/10.1007/978-3-658-53113-3_8

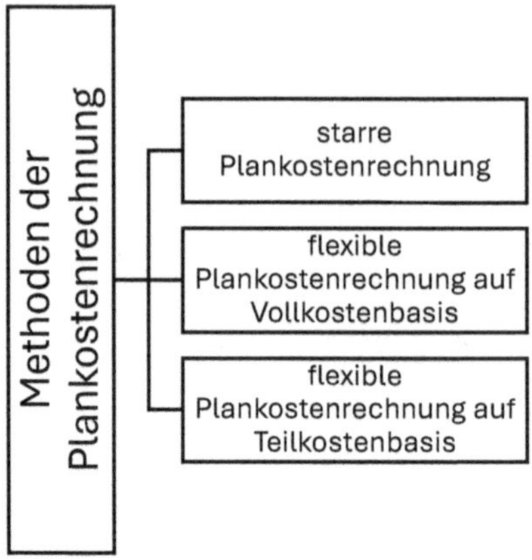

Abb. 8.1 Methoden der Plankostenrechnung

Die Abweichungsanalyse stellt das eigentliche Steuerungsinstrument dar – sie zeigt auf, wo die (Kosten-)Realität von der (Kosten-)Planung abweicht und wo somit ein Handlungsbedarf zum Kostenmanagement besteht. Wichtige Voraussetzung für die effektive Plankostenrechnung ist die Aufspaltung der Kosten in fixe und variable Anteile.

Hinsichtlich der Plankostenrechnung existieren drei verschiedene Ansätze: die starre Plankostenrechnung, die flexible Plankostenrechnung auf Vollkostenbasis und die flexible Plankostenrechnung auf Teilkostenbasis, wie sie auch in Abb. 8.1 genannt sind.

Die starre Plankostenrechnung

Die starre Plankostenrechnung ist die einfachste Form der Plankostenrechnung und wird teilweise noch in kleineren Unternehmen oder für kurzfristige Analysen verwendet. Dazu werden die Plankosten für einen einzigen, konstanten Beschäftigungsgrad (die sogenannte Planbeschäftigung) ermittelt. Die Berechnung erfolgt mit der folgenden Formel:

$$\text{Plankosten}\left(K^P\right) = \text{variable Plankosten} + \text{fixe Plankosten} = k_v^P \cdot x_P + K_f^P$$

wobei k_v^P die variablen Kosten pro Stück, x_P die Planbeschäftigung und K_f^P die gesamten Fixkosten sind.

Unterstellen Sie beispielhaft eine Kostenstelle mit $x_P = 5$ Mitarbeitenden, die Personalkosten von jeweils $k_v^P = 5000\,\text{Euro}$ verursachen sollen und Fixkosten in Höhe von $K_f^P = 15.000\,\text{Euro}$. Aus diesen Daten ergeben sich Plankosten in Höhe von 40.000 Euro.

Die **verrechneten Plankosten** für eine beliebige Ist-Beschäftigung x_I werden dann folgendermaßen bestimmt:

$$\text{Verrechnete Plankosten}\left(K^{VP}\right) = \frac{\text{Plankosten}}{x_P} \cdot x_I$$

Ergänzen wir das Beispiel um die Information, dass die Ist-Beschäftigung lediglich $x_I = 4$ Mitarbeitende umfasst. Dann betragen die verrechneten Plankosten:

$$\text{Verrechnete Plankosten}\left(K^{VP}\right) = \frac{\text{Plankosten}}{x_P} \cdot x_I = \frac{40.000\,\text{Euro}}{5} \cdot 4 = 32.000\,\text{Euro}$$

Bei der starren Plankostenrechnung wird schließlich die **Gesamtabweichung** als Differenz von Istkosten und den verrechneten Plankosten bestimmt:

$$\text{Gesamtabweichung} = \text{Ist} - \text{Kosten} - \text{verrechnete Plankosten}$$

Wenn wir im begonnenen Beispiel von Ist-Kosten in Höhe von 35.000 Euro ausgehen, errechnen wir somit eine Gesamtabweichung von:

$$\begin{aligned}\text{Gesamtabweichung} &= \text{Ist} - \text{Kosten} - \text{verrechnete Plankosten}\\ &= 35.000\,\text{Euro} - 32.000\,\text{Euro} = 3.000\,\text{Euro}\end{aligned}$$

Die Aussagekraft der starren Plankostenrechnung ist begrenzt, denn die Gesamtabweichung (im Beispiel 3.000 Euro) kann nicht in ihre Ursachen aufgeschlüsselt werden. Vielmehr kann die Abweichung bspw. daraus resultieren, dass

- weniger oder mehr Leistung erbracht wurde als geplant war (Mengeneffekt),
- höhere Preise gezahlt wurden (Preiseffekt aufgrund höherer Löhne) oder
- dass Inputfaktoren verschwenderischer genutzt wurde (Verbrauchseffekt, bspw. durch die Bezahlung vermeidbarer Überstunden).

Die starre Plankostenrechnung vermischt alle diese Effekte in einer einzigen Zahl, weshalb eine aussagekräftige Kostenkontrolle nicht möglich ist. Sie beziffert somit lediglich die Abweichung der Ist-Kosten von den verrechneten Plankosten, unterstützt aber nicht im Hinblick auf ein wirkungsvolles Kostenmanagement.

Die flexible Plankostenrechnung

Die flexible Plankostenrechnung überwindet die genannten Probleme der starren Plankostenrechnung durch die Differenzierung von fixen und variablen Kosten. Sie ermöglicht es, für jede beliebige Ist-Beschäftigung angepasste Kostenbudgets (Sollkosten) zu berechnen und damit eine präzise Abweichungsanalyse durchzuführen.

Die Schlüsselgröße der flexiblen Plankostenrechnung bilden die **Sollkosten**. Sollkosten sind die Plankosten, die bei der tatsächlichen Ist-Beschäftigung angemessen wären. Sie werden mittels der folgenden Formel berechnet als:

$$\text{Sollkosten}\left(K_S\right) = K_f^P + \frac{K_v^P}{x_P} \cdot x_I$$

Übertragen auf das obenstehende Beispiel bedeutet dies:

$$\text{Sollkosten}\left(K_S\right) = 15.000\,\text{Euro} + \frac{25.000\,\text{Euro}}{5} \cdot 4 = 35.000\,\text{Euro}$$

Die Fixkosten bleiben unverändert, während die variablen Kosten proportional zur Ist-Beschäftigung angepasst werden. Dies ist ökonomisch sinnvoll: Wenn weniger produziert wird, sollten auch weniger variable Kosten budgetiert sein – allerdings bleiben fixe Kosten wie die Miete, Gehälter für Angestellte etc. in der gleichen Höhe erhalten.

Flexible Plankostenrechnung auf Vollkostenbasis

Bei der flexiblen Plankostenrechnung auf Vollkostenbasis erfolgt die Aufspaltung in fixe und variable Kosten nur auf der Ebene der Kostenstellenrechnung. Bei der Kostenträgerrechnung wird eine proportionalisierte Verrechnung durchgeführt, d. h. die Fixkosten werden auf die Produkte umgelegt, als seien sie variabel.

Die **verrechneten Plankosten** werden demnach auf Vollkostenbasis berechnet als:

$$\text{Verrechnete Plankosten}\left(K^{VP}\right)=\frac{\text{Plankosten}}{x_P}\cdot x_I$$

Für das bisherige Beispiel bedeutet dies:

$$\text{Verrechnete Plankosten}\left(K^{VP}\right)=\frac{\text{Plankosten}}{x_P}\cdot x_I=\frac{40.000\text{ Euro}}{5}\cdot 4=32.000\text{ Euro}$$

Diese Formel ist identisch mit der Formel der starren Plankostenrechnung. Der Unterschied liegt in der Abweichungsanalyse – bei der flexiblen Plankostenrechnung auf Vollkostenbasis können die Abweichungen aufgeschlüsselt werden:

$$\text{Verbrauchsabweichung}=\text{Ist}-\text{Kosten}-\text{Sollkosten}$$

$$\text{Beschäftigungsabweichung}=\text{Sollkosten}-\text{verrechnete Plankosten}$$

Für das Zahlenbeispiel bedeutet dies:

$$\begin{aligned}\text{Verbrauchsabweichung}&=\text{Ist}-\text{Kosten}-\text{Sollkosten}\\&=35.000\text{ Euro}-35.000\text{ Euro}=0\text{ Euro}\end{aligned}$$

$$\begin{aligned}\text{Beschäftigungsabweichung}&=\text{Sollkosten}-\text{verrechnete Plankosten}\\&=35.000\text{ Euro}-32.000\text{ Euro}=3.000\text{ Euro}\end{aligned}$$

Flexible Plankostenrechnung auf Teilkostenbasis (Grenzplankostenrechnung)

Die flexible Plankostenrechnung auf Teilkostenbasis, die oftmals auch als **Grenzplankostenrechnung** bezeichnet wird, lässt sich als eine Weiterentwicklung des flexiblen Konzepts verstehen. In Abweichung zur Plankostenrechnung auf Vollkostenbasis wird die Differenzierung zwischen den fixen und den variablen Kosten sowohl in der Kostenstellenrechnung als auch in der Kostenträgerrechnung durchgeführt.

Bei dieser Methode umfasst der **variable Plankostenverrechnungssatz** nur die variablen Kosten:

$$\text{variabler } PKVS = \frac{25.000 \text{ Euro}}{5} = 5.000 \text{ Euro}$$

Die **verrechneten Plankosten** beinhalten dann nur die variablen Kosten:

$$\text{verrechnete Plankosten}\left(K^{VP}\right) = \frac{K_v^P}{x_P} \cdot x_I = \frac{25.000 \text{ Euro}}{5} \cdot 4 = 20.000 \text{ Euro}$$

Die Fixkosten werden nicht auf die Produkte verrechnet, sondern direkt in der Ergebnisrechnung als Block berücksichtigt, wie Sie das von der einstufigen Deckungsbeitragsrechnung her kennen. Dies hat den großen Vorteil, dass keine Proportionalisierung von fixen Kosten stattfindet und somit keine künstliche Beschäftigungsabweichung entsteht. Bei dieser Methode stimmen folglich die Sollkosten und die verrechneten Plankosten genau überein:

$$\text{Sollkosten} = \text{verrechnete Plankosten} = \frac{K_v^P}{x_P} \cdot x_I$$

Da keine Beschäftigungsabweichung existiert, wird nur die Verbrauchsabweichung analysiert.

Abweichungsanalyse

Aufgrund der besonderen Bedeutung der Abweichungsanalyse für das Kostenmanagement sollen die einzelnen Abweichungen an dieser Stelle noch einmal erläutert werden:

Die **Gesamtabweichung** bildet die Basiskennzahl der Abweichungsanalyse und errechnet sich als die Differenz zwischen den tatsächlichen Ist-Kosten und den verrechneten Plankosten:

$$\text{Gesamtabweichung} = \text{Ist} - \text{Kosten} - \text{verrechnete Plankosten}$$

Damit zeigt sie an, ob die Kostenrealität über (ungünstige Abweichung) oder unter (günstige Abweichung) der Planung liegt.

Die **Verbrauchsabweichung** stellt eine spezifische Abweichungsart innerhalb des Konzeptes der flexiblen Plankostenrechnung dar. Ihre Aufgabe ist, den Unterschied zwischen dem tatsächlichen Mengen- und Preisverbrauch im Vergleich zur Planungssituation aufzuzeigen:

$$\text{Verbrauchsabweichung} = \text{Ist} - \text{Kosten} - \text{Sollkosten}$$

Die Verbrauchsabweichung wird berechnet, indem die Ist-Kosten und die Sollkosten bei einem identischen Beschäftigungsgrad mit Planpreisen bewertet werden. Wenn eine Verbrauchsabweichung auftritt, dann kann das Management sicher sein, dass die Ursache nicht in einer Beschäftigungsabweichung liegt, sondern in einem echten Mehr- oder Minderverbrauch begründet ist. Betrachten Sie dazu das folgende Beispiel: Ein Unternehmen hatte geplant, 100.000 Schokokugeln mit Fixkosten von 10.000 Euro und variablen Kosten von 7000 Euro (0,07 Euro pro Stück) zu produzieren. Die gesamten Plankosten betrugen 17.000 Euro. Tatsächlich wurden aber nur 50.000 Schokokugeln hergestellt. Die Sollkosten bei 50.000 Stück betragen demnach:

$$\begin{aligned}\text{Sollkosten} &= 10.000\,\text{Euro}\,(\text{fix}) + 0{,}07\,\text{Euro}/\text{Stück} \cdot 50.000\,\text{Stück}\\ &= 10.000\,\text{Euro} + 3.500\,\text{Euro} = 13.500\,\text{Euro}\end{aligned}$$

Wenn die tatsächlichen Kosten (Ist-Kosten) nun 15.000 Euro betragen, ergibt sich eine Verbrauchsabweichung in Höhe von:

$$\text{Verbrauchsabweichung} = 15.000\,\text{Euro} - 13.500\,\text{Euro} = 1.500\,\text{Euro}\,(\text{ungünstig})$$

Diese Verbrauchsabweichung deutet auf echte Ineffizienz hin, denn trotz reduzierter Produktion waren die Kosten höher als erwartet.

Die **Beschäftigungsabweichung** zeigt die Auswirkung einer Über- oder Unterbeschäftigung auf die Verrechnung der Fixkosten bei der flexiblen Plankostenrechnung auf Vollkostenbasis:

$$\text{Beschäftigungsabweichung} = \text{Sollkosten} - \text{verrechnete Plankosten}$$

Diese Abweichung entsteht, weil die Plankostenkalkulation auf Vollkostenbasis die Fixkosten proportionalisiert, d. h. die Fixkosten werden also auf alle produzierten Stücke verrechnet, als seien sie variabel. Wenn die Produktion unter Plan liegt, werden die Fixkosten auf eine geringere Stückzahl verteilt, weshalb die fixen

Stückkosten steigen. Für das Schokoladenkugel-Beispiel gilt: Die verrechneten Plankosten bei 50.000 Stück (mit einem Plankostensatz von 17.000/100.000 = 0,17 Euro/Stück) betragen:

$$\text{verrechnete Plankosten} = 0{,}17\ \text{Euro} / \text{Stück} \cdot 50.000\ \text{Stück} = 8.500\ \text{Euro}$$

Die Beschäftigungsabweichung ergibt sich dann gemäß:

$$\text{Beschäftigungsabweichung} = 13.500\ \text{Euro} - 8500\ \text{Euro} = 5.000\ \text{Euro}\ (\text{ungünstig})$$

Diese 5.000 Euro sind **nicht echte Mehrkosten** – sie entstehen nur durch die Proportionalisierung der fixen Kosten. Sie sind ein rein rechnerisches Phänomen und begründen sich darin, dass nur 50 % der geplanten Kapazität genutzt wurde.

Zusammenhang der Abweichungen

Bei der flexiblen Plankostenrechnung auf Vollkostenbasis ergibt sich die folgende mathematische Beziehung:

$$\text{Gesamtabweichung} = \text{Verbrauchsabweichung} + \text{Beschäftigungsabweichung}$$

bzw. alternativ:

$$\begin{aligned}\text{Ist} - \text{Kosten} - \text{verrechnete Plankosten} &= (\text{Istkosten} - \text{Sollkosten}) \\ &+ (\text{Sollkosten} - \text{verrechnete Plankosten})\end{aligned}$$

Für das Schokoladenkugel-Beispiel heißt das:

$$\begin{aligned}15.000\ \text{Euro} - 8.500\ \text{Euro} &= (15.000\ \text{Euro} - 13.500\ \text{Euro}) \\ &+ (13.500\ \text{Euro} - 8.500\ \text{Euro}) = 1.500\ \text{Euro} + 5.000\ \text{Euro} = 6.500\ \text{Euro}\end{aligned}$$

Diese Zerlegung der Kostenabweichung liefert wertvolle Erkenntnisse für das Controlling: Sie zeigt auf, welche Kosten durch echte Ineffizienz (nämlich die Verbrauchsabweichung) und welche durch eine Kapazitätsunterauslastung (Beschäftigungsabweichung) entstanden sind.

Preisabweichung als weitere Spezialabweichung

In manchen Fällen wird die Verbrauchsabweichung weiter in eine Mengen- und eine Preisabweichung aufgeteilt. Die **Preisabweichung** kann bspw. dadurch entstehen, dass die gleiche Materialmenge zu höheren Preisen als geplant eingekauft wurde.

9 Moderne Kostenrechnung und Kostensteuerung

Die klassische Methodik der Kostenrechnung, die Sie in den vorherigen Kapiteln kennengelernt haben, bildet nach wie vor die Grundlage des modernen Controllings und des internen Rechnungswesens. Allerdings haben sich das unternehmerische Umfeld und die Anforderungen an das Controlling in den letzten Jahrzehnten verändert. So haben sich neue Methoden entwickelt, um diesen Anforderungen gerecht zu werden. Der folgende abschließende Überblick zeigt Ihnen zwei modernen Ansätze.

Activity-Based Costing und Prozesskostenrechnung

Als eine der wichtigsten Ergänzungen zur klassischen Kostenrechnung gilt seit mehr als vierzig Jahren das Activity-Based Costing. Im deutschsprachigen Raum wird diese Methode meist als Prozesskostenrechnung bezeichnet.

Die klassischen Kostenrechnungsverfahren (insbesondere die Zuschlagskalkulation) verwenden die in der Kostenstellenrechnung ermittelten pauschalen Kalkulationssätze (bspw. Lohnzuschläge oder Maschinenstundensätze), um die Gemeinkosten auf die Kostenträger zu verteilen. Sie haben die dazugehörigen Rechnungen im Kapitel zur Kostenstellenrechnung kennengelernt. Das Problem bei dieser Vorgehensweise ist, dass diese Methodik nicht abbildet, wie bzw. warum die Kosten tatsächlich entstehen. Ein Beispiel verdeutlicht dies: In einer Steuerkanzlei gibt es kaum Einzelkosten. Allerdings entstehen die Kosten durch sich stark unterscheidende Aktivitäten und Prozesse – im Rahmen der Finanzbuchhal-

S. Georg, *Einfach nur Kostenrechnung*, essentials,
https://doi.org/10.1007/978-3-658-53113-3_9

tung, der Lohnabrechnung oder der Steuerberatung – die mit völlig unterschiedlichen (zeitlichen) Aufwänden verbunden sind.

Das Konzept der Prozesskostenrechnung geht nicht von Produkten aus. Vielmehr legt es die Aktivitäten und Prozessen zugrunde, welche die Kosten verursachen. Die zentrale Frage lautet also nicht „Was kostet das Produkt?“, sondern „Was kostet der einzelne Prozess?“. Dabei funktioniert das Grundprinzip der Prozesskostenrechnung in fünf Schritten:

1. Zunächst werden alle relevanten Aktivitäten im Unternehmen identifiziert und dokumentiert. Das nennt man die Aktivitätsanalyse.
2. Dann werden die Kosten der benötigten Ressourcen (also Personalkosten, Materialkosten oder Maschinenkosten) den Aktivitäten (verursachungsgerecht) zugeordnet, die diese Ressourcen verbrauchen.
3. Im dritten Schritt ist für jede Aktivität ein sogenannter Kostentreiber (Cost Driver) zu ermittelt. Das ist die Messgröße, die den Ressourcenverbrauch dieser Aktivität am besten abbildet bzw. erklärt. Beispiele für Kostentreiber sind die Anzahl von Lieferanten, die Anzahl von Maschineneinrichtungen, die Anzahl von Kundenbestellungen oder die Anzahl von Prüfvorgängen oder Reklamationen. In der Regel wird also gezählt, wie oft eine bestimmte Aktivität durchgeführt wird.
4. Dann lassen sich die Aktivitätskosten verrechnen, indem die der Aktivität zugeordneten Kosten durch den Kostentreiber dividiert werden. Das Ergebnis wird meist als Prozesskostensatz bezeichnet und gibt dann an, wie hoch die Kosten sind, die bei der einmaligen Durchführung des Prozesses entstehen.
5. Im letzten Schritt lassen sich die Aktivitätskosten auf die einzelnen Produkte oder Dienstleistungen verteilen, basierend auf deren tatsächlichem Prozessverbrauch, der über die Kostentreiber gemessen wird.

Die Vorteile der Prozesskostenrechnung liegen in der Kalkulationsgenauigkeit hinsichtlich der Kostenverteilung, der Transparenz von Kostentreibern und der damit verbundenen Identifikation von Optimierungspotenzialen, wenn Sie feststellen, dass mit bestimmten Prozessen besonders hohe Kosten verbunden sind.

Die Grenzen des Verfahrens zeigen sich in der aufwendigen Datenerfassung und der Komplexität der Implementierung, denn es muss nicht nur eine vollständige Prozessanalyse durchgeführt werden, sondern die Prozessdurchführungen müssen den Kostenträgern auch korrekt zugewiesen werden. Gerade mit einer detaillierten Kostenstellenbetrachtung lassen sich auch bei der klassischen Kostenrechnung die Gemeinkosten detailliert verrechnen.

Target Costing bzw. Zielkostenrechnung

Das Target Costing (die Zielkostenrechnung) als zweites Verfahren des modernen Kostenmanagements hat seinen Ursprung in der japanischen Automobilindustrie in den 1960er Jahren. Während die klassische Kostenrechnung die Frage „Was kostet das Produkt?“ beantwortet, stellt das Target Costing die Frage: „Was darf das Produkt kosten?“ und folgt damit einem marktorientierten Ansatz. Dazu funktioniert die Zielkostenrechnung nach dem folgenden Rezept:

1. Mithilfe von Marktanalysen und einer Erforschung des Wettbewerbs wird der Preis ermittelt, den Kunden bereit sind, für ein bestimmtes Produkt zu bezahlen – oder den das Unternehmen am Markt durchsetzen kann. Dieser Preis wird als Zielpreis bezeichnet.
2. Danach sind die angestrebte Gewinnmarge und nicht durch das Target Costing zu beeinflussende Gemeinkosten vom Zielpreis zu subtrahieren.
3. Die verbleibenden Kosten stellen die maximal zulässigen Kosten für die Herstellung des Produkts im Sinne von Zielkosten dar.
4. Anschließend werden die Zielkosten des Produktes auf die Komponenten und Funktionsbereiche des Produkts heruntergebrochen. Die Basis dieser Kostenzuordnung stellt deren Beitrag zum Kundennutzen dar.
5. Die nach klassischen Methoden berechneten Kosten der einzelnen Komponenten werden als drifting costs bezeichnet. Ein Vergleich dieser drifting costs mit den Zielkosten zeigt das mögliche Kostenreduktionspotenzial.
6. Abschließend wird versucht, beispielsweise durch Designänderungen, die Verwendung alternativer Materialien oder geänderte Fertigungsprozesse die Komponentenkosten an das Niveau der Zielkosten anzugleichen.

Das Target Costing berücksichtigt den gesamten Produktlebenszyklus und damit nicht nur die einzelnen Abrechnungsperioden, wie es für die klassische Kostenrechnung typisch ist. Dies ist deshalb wichtig, da ein Großteil der Produktkosten bereits in der Entwicklungs- und Designphase des Produktes festgelegt wird. Letztlich erzwingt das Target Costing, dass die Verantwortlichen bereits bei der Produktplanung an die Kosten denken – und nicht erst in der Phase der Produktion. Somit gilt die Methode in wettbewerbsintensiven Märkten mit kurzen Produktlebenszyklen als besonders wertvoll.

Was Sie aus diesem *essential* mitnehmen können

- Die Kosten- und Leistungsrechnung gliedert sich als Vollkostenrechnung in eine Kostenarten-, Kostenstellen- und Kostenträgerrechnung.
- Die Unterscheidung der Kosten in Einzelkosten und Gemeinkosten hat zentrale Bedeutung für die Weiterverrechnung von Kosten.
- Teilkostenrechnungssysteme wie die Deckungsbeitragsrechnung liefern wertvolle Entscheidungen für bestimmte betriebliche Entscheidungen wie die Erreichung der Gewinnschwelle, die Bestimmung kurzfristiger Preisuntergrenzen oder die Engpassoptimierung.
- Neben vergangenheits- oder gegenwartsbezogenen Kostenrechnungssystemen gibt es mit der Plankostenrechnung auch ein auf die Zukunft fokussiertes System.
- Die Kostenrechnung bildet eine wichtige Datengrundlage für das unternehmerische Controlling.

S. Georg, *Einfach nur Kostenrechnung*, essentials,
https://doi.org/10.1007/978-3-658-53113-3